구입 문의 1577-3537
www.niefather.com

초등학생 영역별 필독서 36권 선정(1~3호)
책마다 전체 내용 요약 지문과 심층 질문 7개씩 제시

(주)이태종 NE 논술연구소

토론 논술 감상문까지 OK!

초등학생 문해 독서 중급 2호

행복한 논술 편집부 엮음

- 공학은 세상을 어떻게 바꾸었을까?
- 부글부글 땅속의 비밀 화산과 지진
- 10원으로 배우는 경제 이야기
- 별난 기자 본본, 우리 건축에 푹 빠지다
- 난 한글에 홀딱 반했어!
- 세상을 바꾼 상상력 사과 한 알
- 잘못 뽑은 반장
- 밤티 마을 큰돌이네 집
- 허생전
- 마법의 설탕 두 조각
- 멋진 여우 씨
- 바보 이반

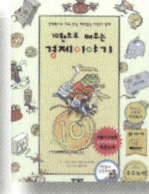

독서를 지도하시는 분
심층 독서가 필요한 학생을 위한 책!

잎싹은 닭장에 갇힌 채 병아리가 될 수 없는 무정란만 낳다가 죽을 운명이다. 그런 잎싹이 알을 품어 병아리를 갖고 싶은 꿈을 꾼다. 꿈을 이루려면 닭장을 나와 수탉과 함께 지내야 한다. 주어진 상황만 놓고 보면 이룰 수 없는 꿈이다. 『마당을 나온 암탉』(황선미 지음, 사계절 펴냄)의 줄거리다.

잎싹은 주인이 주는 먹이를 배불리 먹고 알만 많이 낳으면 된다. 그런데 왜 불가능한 꿈을 꿨을까. 대다수는 주어진 삶에 안주하고 도전하기를 꺼린다. 잎싹의 이러한 모습은 아무런 꿈도 없이 사는 사람들에게 자기 점검의 기회가 된다. 『문해독서』는 '지은이가 왜 주인이 주는 먹이를 배부르게 먹고 알만 낳으면 되는 잎싹에게, 알을 품고 새끼를 키우는 불가능한 꿈을 꾸게 만들었나?'를 묻는다. 도전의 중요성을 일깨우기 위한 질문이다. 불가능을 가능하게 만드는 것이 도전의 힘이다. 인류에게 도전 정신이 없었다면 비행기나 자동차는 지금도 나오지 못했을 것이다. 문제는 도전해서 꿈을 이루는 과정이 험난하다는 데 있다. 꿈을 꾸고 도전하면 온 우주가 돕는다는 말이 있다. 잎싹은 우여곡절 끝에 닭장을 나오는 데까지는 성공한다.

잎싹이 볼 때 이상향이던 마당은 레드오션이다. 마당의 식구들이 잎싹을 받아 주지 않고 냉대한 까닭을 『문해독서』가 물은 이유가 여기에 있다. 꿈을 이루기까지는 현실의 진입 장벽이 너무 높아 좌절이 크다는 사실을 보여 주려는 질문이다. 어느 사회나 기득권층이 있다. 신참자가 등장하면 여지없이 경쟁의식과 차별을 두려는 특권 의식이 작동한다. 기득권층처럼 지키려고만 들면 문화나 경제 모두 지체 현상이 벌어진다. 『문해독서』는 이러한 사실을 알리기 위해 마당에서 누리는 사람들처럼 자기가 이룰 수 있는 꿈만 꾼다면 사회에 어떤 영향을 미칠지 물어본다.

잎싹은 진입 장벽에 가로막혀 결국 새로운 세상을 개척해야 한다. 아무도 가지 않은 길이어서 이정표도 없고 나침판도 없다. 한 발자국만 잘못 옮겨도 낭떠러지다. 안전한 마당을 떠난 잎싹은, 다른 동물들에게 따돌림을 당하고 족제비에게는 생명의 위협까지 받는다. 그래도 잎싹에게는 자기 꿈대로 살 수 있는 행복이 있다. 『문해독서』는 다시 '닭장에서 사는 암탉', '마당에서 사는 암탉', '마당을 떠난 암탉' 가운데 나라면 어떤 닭이 되어 살고 싶은지 질문한다.

잎싹은 마침내 알을 품어 새 생명을 탄생시키는 꿈을 실현한다. 하지만 스스로 낳은 게 아니라 주인을 잃은 청둥오리의 알이다. 잎싹은 집도 없이 떠돌면서 아기 오리 초록머리를 정성껏 돌봐 멋진 청둥오리로 성장시킨다. 나중에는 초록머리를 야생 청둥오리 무리에게 떠나보낸다. 그 뒤 늙고 지친 잎싹은 족제비에게 잡아먹히고 도전은 끝난다.

잎싹은 꿈을 이룬 것일까. 자신의 꿈을 원래의 설계대로 실현시키는 사람은 드물다. 삶은 정해진 운명대로 가는 것이 아니기 때문이다. 『문해독서』는 그 즈음에 '잎싹은 꿈을 이뤘다'는 주제로 찬반 토론을 하도록 제시한다. 토론을 하면서 삶이란 목표를 이루기 위해 도전하는 과정의 연속이며, 결과가 어떠하든 존중을 받아야 한다는 사실을 깨닫도록 하기 위함이다.

잎싹이 초록머리를 청둥오리 무리에게 떠나보냈는데, 초록머리를 보낸 선택이 옳은지 자기 의견을 밝히는 문제도 낸다. 잎싹에게 목숨을 건 도전을 통해 남은 결과물은 초록머리뿐이다. 그런데도 미련 없이 되돌려 준다. 돈이든 지식재산이든 삶에서 얻은 결과물은 마지막까지 소유하고 싶은 욕망을 놓지 못하는 것이 사람의 마음이다. 기득권층이 마당을 끝까지 사수하려고 드는 이유다. 따라서 지속 가능한 삶을 위해 미래 세대에 대한 책임 의식을 심어 주기 위한 『문해독서』의 물음인 것이다.

『문해독서』는 결론적으로 '저학년 때는 꿈이 백만 개나 되는데, 고학년이 되면서 한 반에서 셋 중 한 명은 꿈이 없다'는 내용의 신문 기사를 제시한다. 그리고 '어른이 되면 가지고 싶은 직업 또는 이루고 싶은 꿈을 한 가지만 구체적으로 정한 뒤, 지금 어떤 노력을 기울여야 이룰 수 있을지 자신을 점검하라.'고 질문을 맺는다.

『마당을 나온 암탉』은 꿈이 없는 시대를 사는 어린이들에게 가장 소중한 꿈과 도전, 미래 세대에 대한 책임 의식을 불러일으키려고 다뤘다. 『문해독서』가 선정한 책들은 이처럼 신문 기사와 접목해 현실에 바탕을 두고 치밀하면서도 융합적 시각으로 접근했기 때문에 독서 토론의 새로운 이정표가 될 수 있다. 예를 들어 『흥부전』에서는 노동이 없는 소득에 세금을 많이 부과해야 하는 까닭, 흥부의 다자녀 정신과 노블레스 오블리주 정신이 현대에 필요한 이유, 박을 한 번 타고 그쳤으면 나왔을 텐데 마지막 박까지 타서 목숨을 잃을 위기에 빠진 놀부의 투기 심리와 카지노 폐인을 연계한 문제까지 철저하게 경제적 시각에서 조명한다. 각 호에 들어 있는 12권의 책을 이처럼 융합적 방식으로 읽으면 고전을 통해 세상을 보는 지혜의 눈이 뜨일 것이다.

『문해독서』는 초등학생용 시사논술 월간지 '행복한 논술'이 10년 넘게 개발한 신개념 독서 프로그램이다. 이들 책에는 4차 산업혁명 시대의 초등학생이라면 갖춰야 할 다양한 영역의 배경 지식과 지혜가 담겨 있다. 선정한 책마다 독서의 방향성과 지식의 확장성을 뒷받침할 수 있는 전체 내용 요약 지문과 급별로 7~8개의 심층 질문을 제시한다. 마지막 심층 질문은 시사와 연계해 토론과 논술이 가능하도록 해서, 융합적 사고력과 문제 해결 능력을 키울 수 있다. 한 권의 책을 읽어도 뚫어지게 읽으면서 평생의 자양분으로 삼으면 좋겠다.

행복한 논술 편집부

차례 보기

과학	01 『공학은 세상을 어떻게 바꾸었을까?』	7
	공학은 불편함을 해결하는 학문	
	02 『부글부글 땅속의 비밀 화산과 지진』	17
	화산이나 지진도 이용할 수 있어요	
경제	03 『경제박사로 키워 주는 재미있는 어린이 경제 10원으로 배우는 경제 이야기』	27
	돈을 알면 경제가 보인다	
문화	04 『별난 기자 본본, 우리 건축에 푹 빠지다』	37
	자연 존중이 담긴 조상의 지혜로 만든 한옥	
	05 『난 한글에 홀딱 반했어!』	47
	한글, 정보화 시대에 날개를 달다	
기타	06 『세상을 바꾼 상상력 사과 한 알』	57
	상상력은 사과를 우주만큼 키운다	

국내 문학	07 『잘못 뽑은 반장』	67
	반장 자리가 만들어준 깨달음	
	08 『밤티 마을 큰돌이네 집』	77
	진정한 가족의 의미 되새기게 해 줘	
	09 『허생전』	87
	지배층의 무능 비판하고 새 세상을 꿈꾸다	
세계 문학	10 『마법의 설탕 두 조각』	97
	부모와 자녀 간의 갈등과 화해 그려	
	11 『멋진 여우 씨』	107
	가진 자와 못 가진 자가 더불어 살아야	
	12 『바보 이반』	117
	정직한 노동의 가치가 소중함 보여 줘	
	답안과 풀이	127

☞ 지침서는 행복한 논술 홈페이지(www.niefather.com) 자료실에서 내려받으실 수 있습니다.

01 과학 | 공학은 불편함을 해결하는 학문

『공학은 세상을 어떻게 바꾸었을까?』
황진규 지음, 어린이나무생각 펴냄, 148쪽

 줄거리

　공학은 불편함을 해결하는 학문입니다. 텔레비전과 청소기의 편리함을 누리고, 방울토마토를 맛볼 수 있는 것도 공학 덕분입니다. 나침판이나 인쇄술이 세상에 나온 뒤 인간의 생활 모습을 보면 공학의 역사가 곧 문명의 역사라고 할 수 있습니다. 생명공학의 발전으로 인간의 수명이 더 늘어나고 있다는 사실과 로봇공학의 발전으로 인간이 하기에 위험하거나 힘든 일을 로봇이 대신하고 있다는 사실도 알려 줍니다. 통조림에는 어떤 공학이 담겨 있으며, 우리나라 전통 공학에는 어떤 것이 있는지도 알 수 있지요. 노벨이 발명한 다이너마이트를 통해서는 공학의 양면성을 볼 수 있습니다.

본문 맛보기

공학은 생활의 불편을 해결하는 학문

▲높이 828미터로 세계 최고 빌딩인 두바이의 부르즈 칼리파 빌딩.

(가)공학은 불편함을 해결하는 학문이에요. 텔레비전과 비행기 등은 기계공학, 고층 건물은 건축공학, 방울토마토나 씨 없는 수박은 생물공학, 스마트폰의 배터리는 전기공학 덕분입니다. 컴퓨터로 게임도 하고 그림도 그릴 수 있는 건 컴퓨터공학의 소프트웨어 덕분이지요. 거대했던 컴퓨터가 노트북이나 스마트폰처럼 들고 다닐 수 있을 정도로 크기가 줄어든 것은 컴퓨터공학의 하드웨어 덕분입니다. 컴퓨터공학이 발전하려면 하드웨어와 소프트웨어, 네트워크도 함께 발전해야 합니다. (14~31쪽)

공학의 역사는 문명의 역사

▲나침판이 나오면서 더 멀리, 더 빠른 길로 여행할 수 있게 되었다.

(나)인류가 등장했을 때는 이렇다 할 공학이 없었을 거예요. 하지만 원시인 가운데 한 명이 돌을 날카롭게 만들면 사냥하기 쉽다는 사실을 알고 도구를 만들었지요. 그 뒤 손도끼 등 직접 만든 도구로 농사를 지었어요. 불을 발견해 밤에도 활동하고, 음식도 익혀 먹었지요. 바퀴도 발명해 무거운 물건을 쉽게 나르게 되었죠. 인쇄술이 발달하면서 많은 책을 찍어내고, 나침판을 발명한 뒤에는 먼 곳을 더 빨리 갈 수 있게 되었어요. 그래서 공학의 역사는 문명의 역사라고 할 수 있습니다. (34~45쪽)

이런 뜻이에요

소프트웨어 컴퓨터 프로그램과 그에 관련된 문서를 한꺼번에 가리키는 말.
하드웨어 컴퓨터를 구성하는 기계 장치의 몸체를 이르는 말. 본체와 주변 장치로 나눌 수 있다.
네트워크 정보를 주고받을 수 있는 통신망.
문명 인간의 지혜 덕분에 사회가 정신적, 물질적으로 발전한 상태.

본문 맛보기

인간 대신 로봇이 일하는 게 로봇공학 목표

(다)생명공학과 로봇공학은 가장 활발하게 발전한 공학 분야입니다. 생명공학이 꾸준히 발전하면 다치거나 병에 걸린 사람이 더 나은 치료를 받을 수 있어요. 인간의 수명도 더 늘어날 거예요. 인간을 복제하는 데 성공할 수도 있지요. 로봇공학은 인공지능을 발전시켜, 기계를 점점 똑똑하게 만들고 있습니다. 바닷속이나 공사장에서 인간이 하기에 위험하거나 힘든 일에 로봇을 투입하지요. 그래서 인간 대신 로봇이 모든 일을 할 수 있도록 만드는 것이 로봇공학의 목표랍니다. (48~53쪽)

▲인간을 대신해 바다를 청소하는 로봇.

음식 오래 보관하는 통조림도 공학 기술

(라)프랑스의 나폴레옹(재위 1804~15)은 군대를 이끌고 멀리 전쟁을 나가곤 했어요. 전쟁터에는 음식을 가져갔는데, 상해서 자주 버렸지요. 나폴레옹은 음식을 오래 보관할 수 있는 방법을 가져오면 큰 상금을 주겠다고 발표했어요. 니콜라 아베르(1752~1841)는 유리병에 과일과 채소를 담은 뒤 공기가 통하지 않게 뚜껑을 막고 열을 가하면 음식을 오래 보관할 수 있다는 사실을 밝혀내 상금을 받았어요. 니콜라 아베르가 발명한 저장 방법은 나중에 통조림 발명에 도움이 되었답니다. (68~71쪽)

▲통조림에는 음식을 오래 보관할 수 있는 공학 기술이 담겨 있다.

본문 맛보기

거중기와 자격루, 주화는 전통 공학 결과물

▲최무선이 발명한 우리나라 최초의 로켓 '주화'. 화살에 화약을 넣은 종이통을 붙여 만들었다.

(마)정약용(1762~1836)은 정조(재위 1776~1800)의 명령으로 수원성을 지어야 했어요. 그때 성을 쉽게 쌓기 위해 거중기를 발명했어요. 장영실(1390~?)은 자격루를 만드는 데 큰 역할을 했어요. 장영실은 '앙부일구'라고 불리는 해시계를 발명하기도 했어요. 최무선(1325~93)은 주화라고 불리는 무기를 만들었어요. 주화는 화살에 화약이 있는 종이통을 붙인 무기였어요. 우리나라 최초의 로켓이지요. 이처럼 공학은 우리 역사에서도 오래전부터 존재했답니다. (82~103쪽)

이용하기에 따라 이롭거나 해로울 수 있어

▲노벨이 발명한 다이너마이트는 건설 현장에도 쓰였지만 무기로도 사용되었다.

(바)노벨(1833~96)은 다이너마이트를 발명한 공학자이자 화학자입니다. 다이너마이트는 기존의 폭약보다 안전하고 강력해서 건설 현장이나 채굴 현장에서 널리 이용했어요. 하지만 폭발력이 워낙 강력해 무기로도 사용했지요. 자동차와 비행기를 만들 수 있는 공학 기술로는 전차와 전투기를 만들 수도 있어요. 원자력공학 덕분에 전기를 쉽게 생산할 수 있게 되었지만, 무시무시한 핵폭탄도 탄생시켰지요. 따라서 공학은 누가 어떻게 이용하는지에 따라 유익할 수도 있고, 해로울 수도 있답니다. (132~141쪽)

이런 뜻이에요

정약용 나라가 부유하고 강해지려면 개혁과 개방을 해야 한다고 주장한 18세기의 실학자. 정조를 도와 수원 화성을 지었다.
거중기 도르래의 힘을 이용해 작은 힘으로 무거운 물건을 들어 올리는 기계.
자격루 자동으로 시간을 알려 주는 물시계.
최무선 고려 시대 화약을 발명하고, 이를 이용해 무기를 만들어 왜구(일본 해적)를 물리친 과학자.

생각이 쑤욱

1 (가)에서 공학은 불편함을 해결하는 학문이라고 합니다. 생활에서 쓰이는 물건 가운데 한 가지를 골라, 어떤 공학을 적용해 어떤 불편함을 해결했는지 말해 보세요.

▲샤프는 연필을 자주 깎는 불편함을 해결하기 위해 만들었는데, 기계공학이 적용되었다.

2 (나)에서 불의 발명으로 사람들에게 생긴 장점과 단점을 아는 대로 들어보세요.

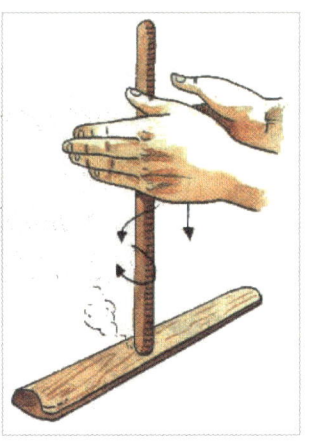

▲인간의 삶은 불을 이용하기 전과 후로 크게 달라졌다.

머리에 쏘옥

연필을 깎는 불편함 때문에 샤프 발명

대만 출신의 발명가 홍려는 늘 연필과 종이를 가지고 다니면서 아이디어가 떠오를 때마다 메모하는 습관이 있었어요. 그러다 보니 연필을 자주 깎아야 했지요.

홍려는 어느 날 칼자국이 한 번 생길 때마다 연필심이 조금씩 길어지는 모습에서 아이디어를 얻었어요. 연필심을 조금씩 올라가게 만든다면 연필을 자주 깎지 않아도 될 거라고 생각했지요. 그 뒤 홍려는 깎지 않아도 되는 연필을 연구한 끝에 샤프를 발명했답니다.

불의 발견

인류는 불이 발견되기 전에는 밤이 되면 아무 일도 할 수 없었어요. 음식도 날것만 먹고 겨울에는 추위에 떨었습니다. 그러다 우연히 불씨를 만드는 방법과 불을 다루는 방법을 알게 되었죠.

원시 시대에는 바닥에 나무토막을 놓은 뒤, 그 위에 가느다랗고 둥그런 나무막대를 댄 채 두 손으로 잡아 세게 비벼서 불씨를 만들었어요.

과학이나 수학 지식이 없으면서도 마찰공학을 이용해 불을 발명한 셈이지요.

생각이 쑥쑥

3 (다)에서 로봇공학이 크게 발전하면 어떤 문제가 생길까요?

▲미국의 자동화 농장에서 일하는 로봇 '앵거스'가 사람 대신 농작물을 옮겨 심고 있다.

4 (라)에서 음식을 통조림으로 만들면 왜 오래 보관할 수 있는지 설명하세요.

▲통조림은 내용물을 살균 처리한 뒤 공기가 통하지 않게 밀봉한다.

머리에 쏘옥

로봇공학이 크게 발전했을 때의 장단점

로봇은 지금 사람의 일자리를 대신하고 있어요. 단순하고 반복적인 일을 쉬지 않고 할 수 있어 제조업의 경우 효율적이지요. 수술 로봇은 사람보다 정밀하게 수술할 수 있어 치료에 도움을 주고 있습니다. 농사 로봇은 쉬지 않고 농작물을 심거나, 수분을 알맞게 유지하는 등 똑똑한 농사꾼 역할을 하지요.

하지만 문제점도 있어요. 로봇이 많이 나오면 사람의 일자리가 부족해집니다. 사람들끼리 소통하는 시간도 줄어들고, 로봇을 범죄에 사용할 수도 있습니다. 테러범이 킬러 로봇을 시켜서 민간인을 살해하는 무기로 쓸 수도 있고, 독재자는 국민을 감시하는 도구로 사용할 수 있답니다.

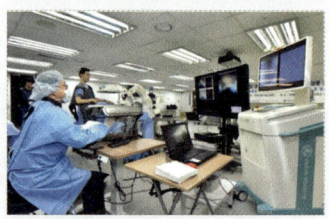
▲수술 로봇인 '닥터 허준'을 이용해 수술하고 있다.

생각이 쏙쏙

5 (마)에서 거중기에는 어떤 공학의 원리가 이용되었으며, 거중기가 화성 건설에 어떻게 도움이 되었을지 설명하세요.

거중기는 조선 시대에 무거운 물건을 들어 올리던 기계다. 정약용이 1792년 정조의 명령을 받아 경기도 수원에 화성을 지을 때 도르래의 원리를 이용해 만들었다. 거중기는 위에 4개와 아래 4개의 도르래를 수평으로 연결한 뒤 아래 도르래 밑으로 물체를 달아맸다. 그리고 위쪽 도르래의 양쪽으로 잡아당길 수 있는 끈을 연결했다. 끈을 잡아당기면 도르래가 움직이면서 물체가 위로 들어 올려지게 했다.

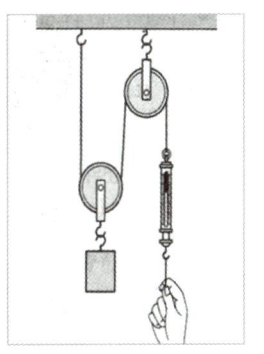

▲도르래의 원리를 이용하면 무거운 물건도 가볍게 들어 올릴 수 있다.

머리에 쏙쏙

수원 화성

정약용은 조선 시대 신도시라고 할 수 있는 경기도 수원의 화성을 설계했어요. 한양(서울) 남쪽의 교통 중심지에 상업 도시를 만들고 싶다는 정조의 명령을 따랐지요.

정약용은 전국에서 올라오는 재물이 화성의 팔달문(남문)으로 들어와 성 안의 중심 도로에 만든 상점을 거쳐 장안문(북문)을 통해 한양으로 나가도록 설계했어요.

정약용은 화성을 지을 때 거중기(지금의 기중기)를 만들어 공사 기간을 줄였어요. 거중기로 돌 등 큰 물건을 들어 올려 일손도 절약하고 사고도 막을 수 있었죠. 거중기 덕분에 사람의 힘만으로 할 때보다 작업 속도가 4~5배는 빨라졌답니다.

▲수원 화성의 안쪽 모습.

생각이 쑥욱

6 (바)와 아래 글을 참고해 공학자에게 윤리가 필요한 까닭을 설명하세요.

> 프랑스 동물 보호 기구인 'L214'는 최근 유튜브를 통해 동물 사료 업체 '상데르'가 운영하는 실험 농장에서 찍힌 영상을 공개했다. 20분 분량의 영상에는 농장 직원으로 보이는 남성들이 젖소의 몸통에 붙은 장치의 뚜껑을 연 뒤, 관을 넣거나 안쪽으로 손을 깊숙이 집어넣었다. 이 장치는 소의 위까지 연결되어 있는데, 사람이 직접 사료를 집어넣을 수 있도록 설계돼 있다. 젖소의 몸에 낸 구멍은 지름 15~20센티미터에 이른다고 한다.
>
>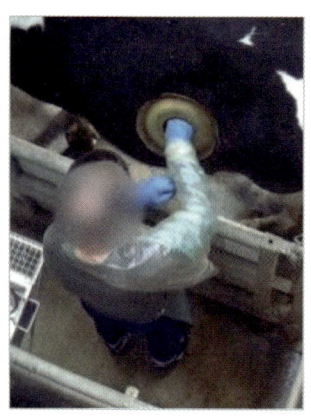
> ▲농장 직원이 젖소의 몸통에 붙은 장치의 뚜껑을 열어 사료를 소의 위 속으로 직접 집어넣고 있다.
>
> <신문 기사 참조>

머리에 쏘옥

공학자에게 왜 윤리가 필요할까

공학자는 기술과 수학, 과학 지식을 이용해 생활에서 느끼는 불편함을 해결하는 학자입니다. 자연이나 우주, 생명 등을 관찰하고 연구하며, 새로운 이론을 만들어 내거나 발전시키는 과학자와는 차이가 있지요.

그런데 둘 다 자신의 연구의 결과로 생길 수 있는 문제가 없는지 생각하고, 항상 윤리적인 연구를 하려고 애써야 해요. 그렇지 못하면 좋지 않은 사고가 날 수 있어요. 예를 들면 1994년에 한강의 성수대교가, 1995년에 서울의 삼풍백화점이 무너진 것은 공학자와 건설업자의 비윤리성에서 비롯했지요. 공학자에게 윤리가 필요한 것은 바로 이 때문입니다.

따라서 공학자는 자신의 판단 하나하나가 수많은 사람의 생명까지 앗아갈 수 있다는 사실을 알고 연구하는 태도를 가져야 합니다.

7 생활의 불편함을 없애는 공학자가 되려면 어려서부터 어떤 연구 태도를 가져야 하는지 예를 들어 말해 보세요(300~400자).

좋은 아이디어를 많이 내려면 생활하면서 개선할 문제를 많이 알고 있어야 한다. 생활하면서 불편함을 느낄 때마다 문제점을 기록하면 도움이 된다. 그런데 막연히 불편한 것을 모두 모으려고 하면 기준도 없고 문제점이 쉽게 보이지도 않게 된다. 특정한 관심 분야를 정해 일정 기간에 관련된 문제만 모으면 좋다. 예를 들어 이번 한 달은 '허리를 굽혀야 하는 불편함'을 주제로 정하고, 허리를 굽히게 만드는 생활의 불편함을 목록으로 작성한다. 이렇게 해서 탄생한 대표적인 발명품이 신발정리집게다.

<신문 기사 참조>

▲신발정리집게로 신발을 들면 허리를 굽히지 않아도 된다.

02 과학
화산이나 지진도 이용할 수 있어요

『부글부글 땅속의 비밀 화산과 지진』
함석진 외 지음, 웅진주니어 펴냄, 108쪽

 줄거리

화산과 지진에 관한 이야기입니다. 지구 내부의 모습과 그 속에서 어떤 일이 벌어지는지 설명했습니다. 화산과 지진이 자주 발생하는 지역의 특징도 알려 줍니다. 화산이 만들어지는 과정과 화산의 모양이 제각각인 까닭도 풀어 줍니다. 화산과 지진이 일어나면 어떤 일이 생기는지도 보여 줍니다. 아이티의 지진처럼 실제로 일어났던 사례를 통해 피해를 줄일 수 있는 방법도 제시하지요. 화산과 지진을 슬기롭게 이용하며 사는 모습도 소개합니다.

지구 내부는 지각 등 4개의 층으로 구성

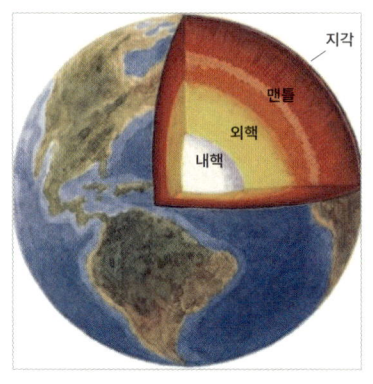

▲지구의 내부 모습.

(가)지구 속은 크게 4개의 층으로 이루어져 있어. 지구의 가장 바깥 부분은 지각이라고 해. 그 안쪽으로 맨틀, 외핵, 내핵이 차례로 있어. 지각은 사과 껍질처럼 지구를 싸고 있는 부분이야. 맨틀은 지구에서 가장 두꺼운 부분으로, 지구 부피의 80퍼센트(100 가운데 80)나 차지해. 무거운 암석으로 이뤄져 있어. 고체 상태이지만 매우 뜨거워서 따뜻한 곳에 둔 엿처럼 말랑말랑하지. 맨틀에서 안쪽으로 더 들어가면 핵이 나오는데, 외핵은 철을 녹일 정도로 뜨거워. 그래서 액체 상태로 되어 있지. 내핵은 외핵보다도 온도가 더 높지만 고체 상태야. (18~19쪽)

지구 표면은 여러 개의 판으로 이뤄져 있어

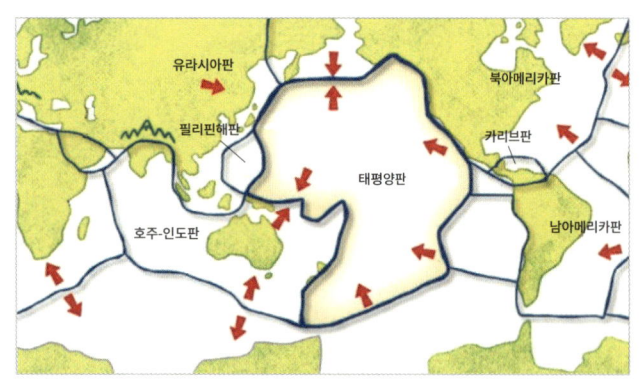

▲지구 표면은 7개의 큰 판과 수십 개의 작은 판으로 이뤄져 있다.

(나)지구 표면은 하나로 다 이어져 있지 않고, 크고 작은 여러 개의 판으로 이루어져 있어. 맨틀의 딱딱한 윗부분과 지각을 합친 것이 바로 판이야. 판은 가만히 있지 않고 계속 움직이고 있어. 화산과 지진은 판과 판이 서로 만나는 경계 부분에서 주로 일어나. 판과 판이 충돌하는 곳에서는 약한 부분이 뚝 부러지면서 땅이 흔들리는데, 이게 바로 지진이야. 그러고도 두 판이 계속 맞서면 결국에는 무거운 판이 가벼운 판 아래로 내려가기 시작해. 땅속으로 판이 내려가면 무거운 판 위쪽의 맨틀이 녹으면서 마그마를 만들어. 무거운 판이 계속 아래로 내려가면서 마그마가 모이고 모이면 마침내 화산으로 폭발하지. (21, 26~27쪽)

 본문 맛보기

지진은 지구가 왕성하게 활동하면서 발생

▲지진으로 갈라진 도로.

(다)지진은 지구가 왕성하게 활동하기 때문에 일어나는 자연 현상일 뿐이야. 지진이 무엇인지, 왜 일어나는지 알면 지진에 대비할 수 있지. 땅이 갈라지고 끊어지면서 흔들리는 것이 바로 지진이야! 한국 시간으로 2010년 1월 13일 아이티에서 지진이 발생했어. 수도인 포르토프랭스는 판의 경계 바로 위에 있어서 피해가 아주 컸지. 지진으로 20만 명이 죽고, 200만 명이 피해를 당했어. 아이티 인구의 약 4분의 1이 피해를 본 거야. 지진이 일어나면 땅이 흔들리고, 땅 위의 모든 것도 흔들려. 그리고 물도 흔들어 대지. (32, 35, 37쪽)

화산재가 햇빛 가리면 기후에도 영향 줘

▲화산재가 하늘로 올라가 퍼지면 햇빛을 가려 지구 전체의 기후에도 영향을 미친다.

(라)화산이 분출할 때 나오는 물질을 화산 분출물이라고 해. 가장 먼저 나오는 것은 희뿌연 화산 가스야. 마그마가 땅 밖으로 올라오면 갑자기 압력이 낮아져서 마그마 속에 녹아 있던 화산 가스가 빠져 나오는 거야. 화산재는 아주 작아서 멀리까지 날아갈 수 있어. 가장 큰 문제는 화산재 구름이 햇빛을 가려 기온을 떨어뜨리는 거야. 화산 가스가 빠져나간 마그마가 땅 밖으로 흘러나온 것을 용암이라고 해. 용암이 굳어 만들어진 암석은 땅 위에서 갑자기 식으며 굳었기 때문에 알갱이가 아주 작고 단단해. 화산 가스가 빠져나가 구멍도 숭숭 뚫려 있어. (56~58, 62~63쪽)

본문 맛보기

판의 한가운데서 폭발하는 화산도 있어

▲제주도 한라산 꼭대기에 생긴 백록담은 화산이 폭발한 뒤 물이 고인 호수다.

(마)대부분의 화산은 활동을 시작하면 몇 번씩 계속 폭발해. 분화구에서 나온 물질이 쌓이고 또 쌓여 화산이 쑥쑥 높아지지. 모든 화산이 판의 경계에서 폭발하지는 않아. 판의 한가운데에 자리를 잡은 화산도 많아. 그건 바로 열점 때문이야. 맨틀 아래쪽에는 다른 곳보다 뜨거운 곳이 몇 군데 있는데, 이곳을 열점이라 불러. 대한민국은 판의 중간에 있어서 화산이 생기기 어려워. 그런데 제주도나 울릉도 같은 화산섬과, 백두산이나 한라산 같은 커다란 화산이 있단 말이지. 바로 열점이 있기 때문에 가능한 일이야. (70, 76쪽)

화산과 지진은 새로운 관광 자원이자 에너지

▲화산 주변의 온천이나 땅에서 나오는 열은, 전기를 만드는 데에 쓰이기도 한다.

(바)화산과 지진을 무서운 자연 재해로만 생각하지 말아 줘. 사람들이 지구와 마그마에 관해 알면 화산과 지진을 이용해 슬기롭게 살 수 있거든. 어떻게 하면 화산이나 지진과 함께 살 수 있을까? 마그마가 폭발하면 화산이나 화산섬 같은 관광지가 만들어지고, 따뜻한 온천도 생기지. 뿐만 아니라 마그마의 뜨거운 열은 에너지로 사용할 수 있지. 따라서 마그마를 잘 이용하면 새로운 에너지도 얻을 수 있어. 지열 에너지는 마그마처럼 뜨거운 지구 내부의 열을 활용해 얻는 에너지야. 아무리 써도 없어지지 않고 오염 물질도 나오지 않는 깨끗한 에너지야. (78~80, 87~90쪽)

생각이 쑤욱

1 지구 내부를 이루는 지각과 맨틀, 외핵, 내핵의 특징을 각각 설명하세요.

지각	
맨틀	
외핵	
내핵	

2 지진과 화산 활동이 주로 판의 경계에서 일어나는 까닭은 무엇인가요?

머리에 쏘옥

지진과 화산 활동이 잦은 '불의 고리'

화산과 지진은 판의 경계 부근에서 발생합니다. 지진이 자주 발생하는 곳에서 화산 폭발도 잦지요. 주로 띠 모양의 좁은 지역에 집중되어 일어나는데, '불의 고리'라는 곳입니다. 이곳은 태평양을 띠 모양으로 둘러싸며 둥글게 퍼져 있어요.

'불의 고리'에는 450개가 넘는 화산이 활동하고 있답니다. 지구 전체의 지진과 화산 활동 가운데 70퍼센트가 이곳에서 생깁니다.

▲태평양을 둘러싼 '불의 고리'.

생각이 쑥쑥

3 현무암은 화산섬인 제주도에서 흔히 볼 수 있는데, 이 암석에 구멍이 뚫려 있는 까닭을 설명하세요.

▲현미경으로 현무암을 관찰하면 구멍이 숭숭 뚫려 있다.

4 화산이 폭발하면 항공기 운항을 방해하는데, 화산 분출물과 관련지어 그 까닭을 말해 보세요.

▲화산이 폭발하면 화산재가 하늘로 올라간다.

머리에 쏘옥

현무암에 많은 구멍이 있는 까닭

현무암은 화산 활동으로 만들어진 암석인데, 화산 폭발 때 땅 위로 올라온 마그마가 식으며 굳어진 것입니다. 검은색이나 회색이며, 알갱이의 크기가 작지만 만지면 거칠거칠합니다.

겉에는 크고 작은 구멍이 나 있는데, 화산이 폭발할 때 가스가 빠져 나가며 생긴 자리입니다. 마그마가 굳을 때 가스가 빠져 나간 자리를 메우기도 전에 빨리 굳어서 구멍이 생기는 거지요.

▲현무암으로 만든 제주도의 돌하르방. 하르방은 '할아버지'를 일컫는 제주도 사투리다.

생각이 쑥

5 (바)를 참고해 화산 활동이 사람들에게 이로움을 주는 사례를 아는 대로 말해 보세요.

▲화산은 백두산 천지처럼 관광 자원이 된다.

머리에 쏘옥

생활에 이로운 화산

화산 활동은 사람의 생명과 재산에 피해를 주기도 하지만 생활에 유용하게 쓰이기도 합니다.

용암이 굳어서 생긴 땅은 오랜 시간이 지나 부서지면 영양이 많은 흙이 됩니다. 또 화산재에는 여러 가지 광물 성분이 많아서 농사짓는 데는 아주 좋지요. 그래서 화산 지대는 과수원이나 농경지로 이용되는데, 화산이 많은 필리핀과 카리브해의 섬들, 하와이에서는 바나나가 아주 잘 자란답니다.

이 밖에도 화산재를 이용해 미용 팩을 만들기도 합니다. 또 화산 활동으로 지구 내부의 물질에 관해서도 알 수 있지요.

생각이 쑤욱

6 화산의 폭발을 예측하기는 어렵습니다. 화산 폭발의 피해를 줄이기 위한 방법을 제시하세요.

기상청은 백두산에서 화산이 폭발했을 때 일어날 수 있는 피해를 예측한 자료를 2011년에 발표했습니다. 1000여 년 전 마지막으로 폭발했는데, 일본에까지 화산재가 도달할 정도였지요. 백두산이 과거와 같은 규모로 다시 폭발할 경우 용암은 15킬로미터 떨어진 곳까지도 영향을 줄 수 있어요. 화산재나 화산 암석 조각이 흐르는 물에 쓸려가기도 하는데, 180킬로미터나 떨어진 곳까지도 영향을 줄 수 있지요.

▲백두산이 폭발할 경우 멀리 일본에까지 피해를 줄 수 있다.

머리에 쏘옥

화산 폭발의 피해를 줄이는 방법

화산 같은 자연 재해는 사람이 막을 수 없습니다. 따라서 화산이 폭발했을 때 생기는 피해를 줄이기 위해 대비하는 것이 최선입니다.

화산 피해를 줄이려면 먼저 분출 시기를 예측할 수 있어야 합니다. 화산 경보 시스템을 만들어 분출 장소와 시간을 미리 알 수 있으면 좋지요. 화산 부근에 관측소를 설치해 온도 변화나 지진 활동을 꾸준히 관측하는 것입니다. 화산이 분출하기 전에 마그마가 상승하기 시작하면 작은 지진이 자주 발생하기 때문에 지진계를 설치하면 도움이 됩니다.

대피 계획도 미리 세우고, 물과 음식물, 전력 등을 공급할 수 있는 체계도 갖추어야 합니다. 방송 등 언론을 통해 화산 폭발 대피 요령을 알리고, 평소에 화산 폭발 대피 훈련도 해야 합니다.

생각이 쑤욱

7 2016년에 일어난 경주 지진과 2017년 포항 지진에서 보았듯, 우리나라도 더 이상 지진 안전 지대가 아닙니다. 아래 글을 참고해 평소에 지진 대피 훈련을 하면 좋은 점과, 지진 피해를 줄이기 위한 대책을 말해 보세요(300~400자).

> 대전시 서구 선암초등학교는 전교생 530여 명이 참여하는 지진 대피 훈련을 실시했다. 지진 발생을 알리는 사이렌이 울리자 학생들은 교사의 지시에 따라 책상 아래로 몸을 피했다. 잠시 뒤에는 가방으로 머리를 보호한 채 질서 있게 운동장으로 대피했다. 전교생이 모두 운동장으로 대피하는 데는 5분이 걸리지 않았다. 이 학교 교장 선생님은 "매달 한 차례씩 지진과 화재 대피 훈련을 한다"며 "어릴 적에 익힌 훈련은 어른이 되어서도 도움이 될 것."이라고 말했다.
>
> <신문 기사 참조>

▲어린이들이 지진 대피 훈련을 하는 모습.

| 03 경제 | # 돈을 알면 경제가 보인다 |

『경제박사로 키워 주는 재미있는 어린이 경제
10원으로 배우는 경제 이야기』

나탈리 토르지만 외 지음, 풀과바람 펴냄, 80쪽

 줄거리

어린이들이 꼭 알아야 하는 경제 상식을 돈을 통해 쉽게 설명했습니다. 10원의 중요성과 돈의 역사, 돈을 버는 방법, 물건 값, 은행의 역할, 유로화, 화폐의 가치 등 중요한 경제 용어의 뜻을 어린이 눈높이에 맞게 풀어냈습니다. 화폐가 없었을 때 시작된 물물교환부터 오늘날의 물물교환에 이르기까지 과거와 현재를 비교하며 실감나게 설명했습니다. 책을 읽다 보면 우리 사회의 돈의 흐름을 저절로 알 수 있고, 경제가 어떻게 돌아가는지 보는 눈을 기를 수 있습니다. 또 돈이 어떻게 쓰이고, 어떻게 가치를 만들어 내는지 파악하며, 경제를 아는 어린이로 자라는 데 도움을 줍니다.

 본문 맛보기

돈으로 학용품이나 사탕도 살 수 있어

▲돈을 주고 학용품을 살 수 있다.

(가)여러분도 부모님이나 친척들이 주신 용돈을 얼마쯤 갖고 있겠죠? 그 돈으로 여러분은 사탕이나 학용품을 살 수 있을 거예요. 돈은 정말 중요한 거예요! 그렇지만 돈을 먹거나, 돈으로 옷을 만들어 입거나, 돈으로 집을 짓고 살 수는 없습니다. 그런데 왜 돈이 그렇게 중요할까요? (6쪽)

물건마다 값이 매겨져 물물교환 어려워

▲값 차이가 나도 쓸모에 따라 물물교환이 가능하다.

(나)아주 옛날에는 사람들이 서로 가지고 있는 것을 나누어 가졌습니다. 때로는 식량이나 도구, 옷을 얻기 위해 싸우기도 했지요. 그 뒤 사람들은 여기저기서 물건을 교환하는 거래를 하기 시작했습니다. 예를 들어 달걀과 토끼, 또는 쌀과 소를 바꾸는 것이었지요. 물물교환을 하려면 서로 동의가 있어야 합니다. 그러나 요즘은 물물교환을 하는 게 그렇게 쉽지만은 않습니다. 왜냐하면 각각의 물건에 값이 매겨져 있기 때문이지요. 따라서 자동차를 자전거와 바꾸는 일은 드뭅니다. 그러나 자전거가 자동차보다 훨씬 쓸모가 있다면 교환할 수도 있습니다. (10~11쪽)

본문 맛보기

어른들이 돈을 버는 일은 쉽지 않아

(다)대다수의 나라에서는 가난한 사람들에게 최소한의 살 돈을 줍니다. 이것을 '생계 유지를 위한 최저 소득'이라고 하는데, 사회적 불평등을 줄이는 수단이 된답니다. 번 돈의 일부는 국가에 내야 합니다. 월급이나 임대 소득, 유산 등 여러 가지 소득에 관련된 세금을 내는 것이지요. 이 돈은 모든

▲돈으로 저축하고 세금을 내고 기부도 할 수 있다.

사람들을 위해 유용하게 쓰입니다. 시민이 세금 쓰이는 곳을 정할 수도 있습니다. 장난감을 사고 싶은데 용돈이 충분치 않을 때, 여러분은 부모님에게 용돈을 더 달라고 하면 됩니다. 하지만 어른들이 돈을 더 많이 버는 것은 간단하지 않습니다. 어떻게 하면 돈을 더 벌 수 있을까요? (28~34쪽)

원료비, 임금, 유통비 등 합쳐 물건 값 정해

(라)물건마다 값이 다 다릅니다. 가격에는 그 물건을 만드는 데 쓰인 원료나 기계, 노동력 등에 대한 비용이 모두 포함되어 있습니다. 어떤 물건의 값은 그 물건을 만드는 과정에서부터 사용자에게 도착하기까지 들어간 비용과 이윤 등

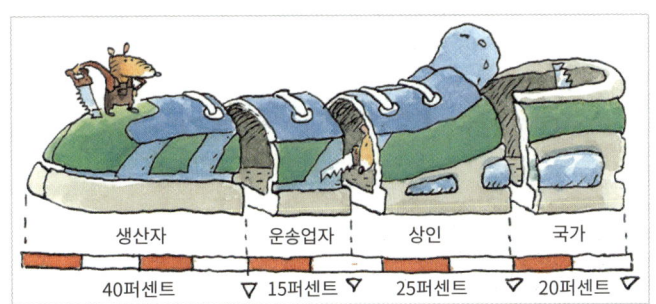
▲운동화 한 켤레의 값은 여러 가지 비용을 합친 것이다.

을 모두 포함한 것입니다. 공장, 운반, 판매를 맡은 사람들이 각 단계에서 이윤을 남깁니다. 그리고 국가는 물건을 판 금액에 대한 세금인 부가가치세를 거둡니다. (40쪽)

중앙은행은 돈 발행… 일반 은행에 빌려 주기도

▲우리나라에서는 한국은행이 화폐의 양을 조절한다.

(마)나라마다 보통 은행들의 중심이 되는 중앙은행이 하나씩 있습니다. 이 은행은 그 나라에 필요한 화폐를 발행하고 외국 돈을 자기 나라 돈으로 교환해 줍니다. 돈이 부족할 때는 더 만들기도 하고, 다른 은행들에게 일정한 이자를 받고 돈을 빌려 주기도 하지요. 다른 은행들은 이 돈을 더 높은 이자를 받고 고객에게 빌려 줍니다. 우리나라의 중앙은행은 한국은행입니다. 한국은행은 다른 은행들에게 필요한 돈을 발행하지요. 우리나라에서 중앙은행 제도가 실시된 것은 1909년 11월이며, 지금의 한국은행은 1950년에 한국은행법에 의해 만들어졌답니다. (60~61쪽)

물가 오르고 통화량 늘면 인플레이션 발생

▲한국은행이 돈을 많이 발행할수록 인플레이션이 발생해 돈의 가치가 떨어진다.

(바)모든 사람들은 돈을 벌고 싶어합니다. 상인들은 더 많은 이윤을 남기고 싶어하고, 노동자들은 노동의 대가를 많이 받기를 원합니다. 그리고 석유 생산국들은 석유를 높은 가격에 팔려고 합니다. 모든 물건 가격이 한꺼번에 갑자기 오르면 생활하기 위해 더 많은 돈이 필요하게 됩니다. 그러면 소득이 많이 오르지 않은 사람들의 생활은 점점 더 어려워지지요. 이렇게 되면 물가는 오르고 통화량은 늘어 돈의 가치는 떨어집니다. 이것을 '인플레이션'이라고 합니다. (73쪽)

생각이 쑤욱

1 경제에 관해 아는 것을 생각그물로 나타내세요.

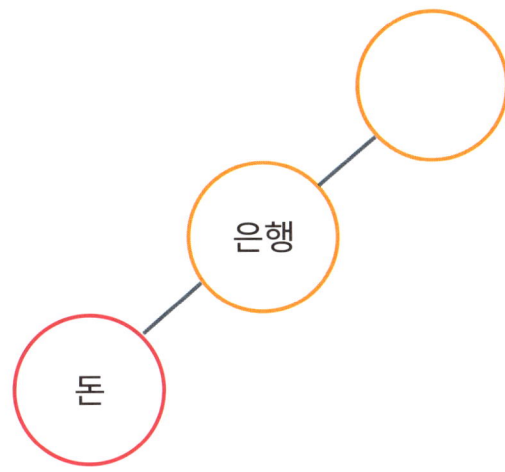

2 우리나라에서 1년 동안 돈을 만들지 못하면 어떤 일이 벌어질지 세 가지만 들어봐요.

머리에 쏘옥

돌고 도는 돈

우리나라에서 돈을 발행하거나 회수하고 폐기를 책임지는 곳은 중앙은행인 한국은행이랍니다. 한국은행에서 돈을 직접 만드는 것이 아니고, 조폐공사에 의뢰해 지폐와 동전을 제조하지요.

그런데 조폐공사에서 만든 돈은 돈의 구실을 하지 못하고, 한국은행으로 옮겨 보관하다가 시중에 내보낼 때 비로소 자격이 생긴답니다. 한국은행은 돈을 일반 은행으로 보냅니다. 일반 은행에 보낸 돈은 사람들이 은행에 저축한 돈을 찾거나 빌려 갈 때 시중으로 풀리지요.

시중으로 나간 돈은 돌고 돌다가 저축하거나 전기료, 수도료, 각종 세금 등을 낼 때 은행으로 다시 들어옵니다.

▲은행에서 시중으로 나간 돈은 돌고 돌다가 결국 은행으로 돌아온다.

생각이 쑤욱

3 우리 반이 여는 벼룩시장에서 팔 물건을 두 가지만 정해 값을 매기고, 그 값을 받아야 하는 까닭도 말해 보세요.

물건	
희망 가격	
이유	

4 배가 태풍에 휘말리는 바람에 무인도에 간신히 상륙했는데 가진 것은 돈이 든 가방밖에 없어요. 그 돈으로 무엇을 할 수 있을까요? 돈의 가치가 환경에 따라 어떻게 달라지는지 생각해 1분 동안 설명하세요.

머리에 쏘옥

돈의 역할

상품을 사고팔 때 금이나 은을 사용하지 않고 돈을 주고받습니다. 100만 원짜리 수표도 물건과 교환할 수 없다면 그 수표는 그저 종이 한 장에 지나지 않습니다. 돈은 이렇게 다른 물건과 바꾸는 '교환 수단'의 역할을 합니다.

상품(또는 서비스)에는 각각의 가격이 매겨져 있습니다. 이는 그 상품(또는 서비스)이 사회적으로 어느 정도의 가치를 지니는지 나타내는 것입니다. 소비자는 값을 보고 싼지 비싼지 판단합니다. 이것이 바로 물건의 가치 척도 역할입니다.

돈은 그 자체가 재산이 됩니다. 내가 1만 원이 있다면 1만 원어치의 물건을 살 수 있도록 그 돈에 가치를 저장해 두었다는 뜻입니다. 돈은 이렇게 필요할 때까지 가치를 보관해 둘 수 있는 '가치 저장 수단'의 역할도 합니다.

▲돈은 가치를 저장하는 수단이 된다.

생각이 쑤욱

5 돈은 돌고 돌아야 해요. 아래 지문에서 엄마의 결정은 손실이라고 할 수 있어요. 또 개인 손실로 그치지 않고 국가적인 손실로 이어지는데, 그 까닭을 말해 보세요.

옛날 한 마을에 어머니와 두 아들이 함께 살았습니다. 그들은 열심히 일해 돈을 벌었지요. 어머니는 구두쇠처럼 돈을 모았는데, 모은 돈을 모두 땅에 묻었습니다. 그런데 나라에 전쟁이 일어나 두 아들이 전쟁터에 나가고, 어머니 혼자 집을 지켰답니다. 어느 날 적들이 마을에 쳐들어와 마을 사람들의 집을 불태우고, 식량과 돈을 모두 빼앗아갔습니다. 마을 사람들은 가난해졌어요. 하지만 어머니는 땅에 돈을 묻었기 때문에 피해를 피할 수 있었습니다. 얼마 뒤 전쟁이 끝나고 두 아들이 집으로 돌아왔습니다. 어머니는 돈을 꺼내 두 아들과 행복하게 살았답니다.

▲어머니는 돈을 벌어 은행에 저축하지 않고 땅에 묻었다.

머리에 쏘옥

이자와 돈의 보관

은행이나 보험사 등 금융기관에 돈을 저축하면 원래 맡긴 돈에 이자를 얹어 주지요. 돈이 돈을 버는 게 바로 이자랍니다. 하지만 땅에 묻은 돈에는 이자가 붙지 않아요. 옛날 땅속은 오늘날 집안의 금고라고 할 수 있어요. 땅에 묻거나 금고에 넣어둔 돈은 이자와는 거리가 멀지요. 게다가 땅에 묻은 1만 원은 몇 년 뒤에도 1만 원짜리입니다.

1만 원의 가치는 물가가 오르기 때문에 시간이 지나면 떨어진답니다. 예를 들면 30년 전에 1만 원으로 자장면 20그릇을 사먹을 수 있었지만, 지금은 두 그릇밖에 사먹을 수 없는 것입니다. 인플레이션이 일어날 경우 돈을 땅에 묻어두는 기간이 길수록 그 가치는 낮아진답니다.

▲돈을 땅에 묻으면 이자가 붙지 않는다.

생각이 쑤욱

6 한 봉지에 1000원 하던 과자 값이 계속 오르고 있어요. 한국은행이 돈을 더 많이 공급해야 할지 적게 공급해야 할지 내 의견을 말해 보세요.

▲한국은행이 돈을 더 공급하면 물건 값은 오르게 되어 있다.

머리에 쏘옥

한국은행이 돈을 많이 발행하지 않는 까닭

한국은행이 돈을 많이 찍어 내 가난한 사람들에게 나눠 주면 어떻게 될까요. 돈은 사람들이 거래를 편리하게 하도록 만들었어요. 그런데 모든 사람이 지금보다 두 배 많은 돈을 가질 경우 물건을 두 배 많이 사려고 할 것입니다.

그 결과 장난감과 컴퓨터 값은 물론 버스 요금까지 우리나라 물가가 두 배로 오르는 인플레이션이 발생한답니다. 인플레이션이란 물가가 오르는 현상이에요.

따라서 한국은행이 돈을 많이 발행해 국민에게 나눠 주면 처음에는 모두 기뻐하겠지요. 하지만 시간이 지나면서 인플레이션이 일어나 돈의 가치가 떨어지므로 오히려 고통을 받을 거예요.

▲한국은행이 돈을 마구 찍어 내면 나중에는 물건 값도 그만큼 올라 효과가 없다.

생각이 쏘옥

7 원(한국), 엔(일본), 달러(미국 등), 위안(중국)…. 여러 나라들의 돈의 단위입니다. 국가들이 서로 다른 돈을 사용하기 때문에 생기는 장점과 단점을 밝히고, 세계 모든 나라가 같은 돈을 사용할 경우 우리 생활이 어떻게 달라질지 설명하세요(300~400자).

유럽 전역이 최근 경제 위기로 몸살을 앓고 있다. 그리스의 디폴트(한 나라의 정부가 외국에서 빌린 돈을 정해진 기간에 갚지 못하는 일) 사태가 걷잡을 수 없이 커지고 있기 때문이다. 위기는 국가의 빚이 많은 포르투갈과 스페인에까지 번지고 있다. 일부 유럽 국가는 "이번 기회에 그리스를 유로존에서 내쫓아야 한다."고 주장하기도 했다. 그리스 지원에 소극적이던 독일과 프랑스는 "그리스는 여전히 유로존의 핵심국."이라며 뒤늦게 지원 의사를 밝히고 나섰다.

<신문 기사 참조>

▲유로존의 중앙은행인 유럽중앙은행(ECB) 본부 건물과 그 앞에 세워진 유로화 상징 조형물.

04 문화 | 자연 존중이 담긴 조상의 지혜로 만든 한옥

『별난 기자 본본, 우리 건축에 푹 빠지다』
구본준 지음, 한겨레아이들 펴냄, 148쪽

 **줄거리**

　한옥에는 자연과 어울려 살려고 했던 조상의 지혜가 담겨 있습니다. 기둥은 자연스러운 멋이 있고 돈도 적게 드는 나무를 사용했어요. 지붕은 눈과 바람을 막아 집 안을 따뜻하게 해 주고, 온돌은 난방을 하고 음식을 조리할 수 있게 만들었어요. 기와와 창호를 보면 집을 지을 때 멋까지 중요하게 생각했음을 알 수 있습니다. 누각이나 정자에서는 자연을 망가뜨리지 않고 있는 그대로 즐기려는 마음이 느껴집니다. 그래서 요즈음 한옥을 찾는 사람이 부쩍 늘었습니다.

여름엔 덥고 겨울에 추운 기후에 맞게 지어

▲웃는 기와. 우리 조상은 집에 멋을 내려고 기와에도 그림이나 무늬를 넣었다.

(가)조상들은 집에 멋을 내려고 다양한 기와를 만들었단다. 박물관에 가면 그림을 그려 꾸민 기와나 벽돌을 꼭 찾아봐. 기와에 그려진 여러 가지 무늬는 우리나라를 대표하는 무늬가 되어 오늘날에도 많이 쓰이고 있어. 우리나라의 집을 가만히 보면, 아래쪽보다 지붕이 훨씬 커. 기후에 가장 알맞게 지은 거란다. 우리나라의 날씨는 여름에는 덥고, 겨울에는 춥잖아. 한옥의 큰 지붕은 여름에는 시원하게 그늘을 만들고, 겨울에는 눈과 바람을 막아 집안을 따뜻하게 품는 역할을 하지. (18~19쪽)

나무 기둥 세울 때도 자연의 모습 그대로 살려

▲전남 구례에 있는 지리산 화엄사 구층암의 기둥은 나무의 본래 모양을 그대로 살린 도랑주 기법을 썼다.

(나)기둥을 세울 때도 반드시 나무가 원래 산에서 자라던 방향대로 세웠어. 나무를 거꾸로 세우면 집에 나쁜 일이 일어날 수 있다고 생각했지. 나무를 가공하지 않고 본래 모양 그대로 쓰기도 했어. 이런 기법을 도랑주라고 하는데, 우리 전통 건축에서 널리 쓰이는 기법이야. 지리산 화엄사에 있는 구층암은 도랑주로 유명한 곳이야. 도랑주는 조선 후기에 유행했는데, 손으로 꾸민 것보다 자연스러운 멋을 더 높이 쳤기 때문이야. 경제적인 이유도 있어. 기둥으로 쓸 목재가 넉넉하지 않았거든. (27~28, 35쪽)

본문 맛보기

온돌은 보일러이자 가스레인지 역할도 해

(다)여름에는 무척 덥기 때문에 마루는 일부러 땅보다 높게 만들어 아래를 비워 놓았어. 그러면 마루 아래가 시원해지고, 그 공기가 따뜻한 쪽인 마루 위로 올라오게 돼. 아래에서 시원한 공기가 나오니 마룻바닥은 자연히 차가워지지. 한옥에서 온돌이 중요한 이유는 방을 덥히기 때문만은 아니야. 옛날 사람들은 온돌이 없으면 살림을 하지 못했어. 불을 피워 방을 데우면서 아궁이에서는 음식을 만들거든. 그러니까 온돌은 요즘으로 치면 보일러이면서 가스레인지도 되고 오븐도 되는 거야. (45~46, 57~58쪽)

▲아궁이에 불을 지피면 방을 덥히면서 음식도 만들 수 있다.

창호 통해 빛과 공기가 잘 통하게 조절

(라)창호를 온갖 무늬로 꾸미는 것이 우리 전통 건축의 특징이야. 살대를 꽃 모양으로 조각해 만든 꽃살은 창호 가운데 가장 예쁘고 화려해. 문을 달처럼 동그랗게 만든 달문도 있어. 우리나라 창호는 두께가 얇은 데다, 종이를 발라 쓰기 때문에 찬바람이 잘 들어오고 소리도 새어 나오기 쉬워. 그래서 문짝을 두 겹, 세 겹으로 달지. 여름에는 창호에 종이 대신 얇은 비단을 바르기도 해. 종이보다 올이 성글어 바람이 잘 통하고 방충망 역할도 하거든. (66~69, 71쪽)

▲창호에는 종이를 바르기 때문에 빛과 공기가 잘 통한다.

이런 뜻이에요
창호 건물에 사람이 드나들고 빛과 공기가 통하게 낸 창과 문.

> 본문 맛보기

자연을 정원 삼아 누각이나 정자 짓고 즐겨

▲조상들은 자연을 정원으로 삼아 경치 좋은 곳에 정자나 누각을 짓고 자연 정원을 즐겼다.

(마)조상들은 집 뒤로 펼쳐진 언덕과 산의 경치 좋은 곳을 정원으로 삼았어. 사람 손으로 만든 자연을 집에 들여놓기보다는 진짜 자연을 자주 찾아가 아름다움을 즐겼지. 그리고 주변의 경치 좋은 곳에는 '자연 정원'을 즐길 수 있는 집을 따로 지었어. 그게 바로 누각과 정자야. 아름다운 자연을 보고 싶을 때는 누각이나 정자에 모여 풍경을 보면서 시도 짓고, 음식도 가져다 먹었어. 넓은 자연을 정원으로 삼아 누구나 정자와 누각에 가서 자연 정원을 즐기면서 살았던 거지.(128~129쪽)

건강에도 좋고 보기에도 아름다운 한옥

▲한옥은 건강에도 이롭고 보기에도 아름다워 요즘에 다시 인기를 끌고 있다.

(바)요즘 한옥이 다시 인기를 끌고 있어. 서양식 건물이 편리하기는 하지만, 한옥보다 못한 점도 많다는 사실을 깨달았어. 특히 아파트는 사람이 살기 좋게 짓기보다는 비싸게 팔기 좋게 지은 것이 대부분이야. 그래서 몸에도 이롭고, 보기에도 아름다운 한옥에서 살려는 사람들이 늘고 있어. 전통적인 집이 불편해 보이는 건, 옛날과 사는 방법이 달라졌기 때문이야. 더 좋거나 나쁜 집은 없어. 모두 각자의 환경에 맞는 가장 좋은 재료로 가장 편하게 살 수 있도록 궁리해 지은 집들이니까. (137~141쪽)

> **이런 뜻이에요**
> **누각** 사방을 바라볼 수 있도록 문과 벽이 없이 다락처럼 높이 지은 집.
> **정자** 누각과 비슷하게 생겼지만 크기가 더 작은 집.

생각이 쑥쑥

1. (가)를 읽고, 한옥에서 지붕이 어떤 역할을 하는지 설명하세요.

▲한옥은 지붕이 커서 더운 여름과 추운 겨울을 편하게 날 수 있다.

2. (나)에서, 조상들이 인공적인 멋보다는 자연스러운 멋을 더 소중하게 여긴 까닭을 도랑주의 사례를 들어 설명하세요.

머리에 쏘옥

조상들이 자연스러운 멋을 소중하게 여긴 까닭

우리 조상은 인공적인 멋보다 자연스러운 멋을 좋아했어요. 도랑주만 봐도 알 수 있지요.

도랑주는 나무를 껍질만 벗기고 모양은 거의 손보지 않은 채 기둥으로 쓰는 것을 말하는데, 투박하면서도 자연스러운 멋이 나타나 있지요. 그리고 주변에서 구하기 쉬운 재료를 사용해서 풍경을 해치지 않고 편안한 느낌을 주면서도 자연과 잘 어울렸기 때문에 멋있게 여겼어요.

이러한 멋은 다른 나라의 건축물에서는 찾기 어려워요. 자연의 아름다움 살리기를 중요하게 생각한 우리 전통 건축만의 특징입니다.

▲도랑주 기법을 사용한 대구 동화사의 기둥.

생각이 쑤욱

3 (라)의 밑줄 친 부분에서, 문짝을 두세 겹으로 다는 까닭을 짐작해 보세요.

▲창호는 두께가 얇은 데다 종이를 바른다.

4 (다)를 참고해, 온돌에 숨겨진 과학의 원리를 추측해서 설명하세요.

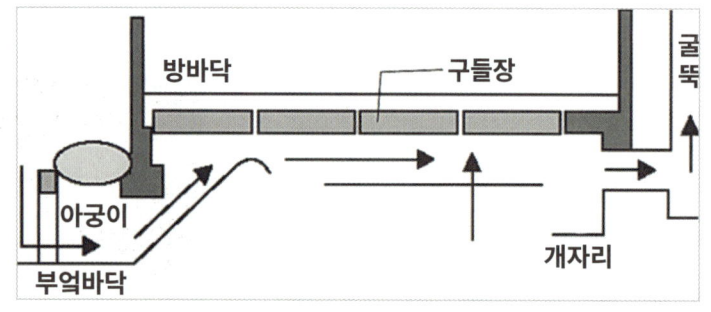

▲온돌에는 공기에 열을 가하면 뜨거워져서 위로 올라가는 과학의 원리가 담겨 있다.

머리에 쏘옥

온돌에 숨겨진 과학의 원리

온돌은 아궁이에서 불을 땔 때 연기를 잘 내보내고, 구들을 골고루 데우도록 만들어야 합니다.

조상들은 여기에 맞춰 아궁이와 굴뚝을 과학적으로 배치했어요. 대류 현상과 같은 과학의 원리를 잘 알았기 때문이었죠. 대류 현상이란 차가운 공기는 아래로 내려오고, 더운 공기는 위로 올라가는 현상을 말합니다.

아궁이에 불을 때면 열기와 연기가 구들장 아래로 뚫린 길을 따라 굴뚝으로 올라갑니다. 구들장 끝에는 개자리라는 구덩이를 만들었어요. 여기서는 열기와 연기가 통과할 면적이 갑자기 넓어집니다. 그래서 열기가 통과하는 속도가 뚝 떨어지지요.

이렇게 되면 열기가 굴뚝으로 금방 빠져 나가지 않아 열의 손실을 막을 수 있습니다. 또 굴뚝에서 들어오는 찬 공기도 막아줍니다. 대류 현상이 일어나도록 만든 것입니다.

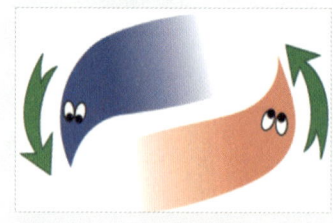

▲온돌은 차가운 공기는 아래로 내려오고, 뜨거운 공기는 위로 올라가는 대류 현상을 이용했다.

생각이 쑤욱

5 아래 글과 (마)의 글을 참고해 우리나라와 일본 정원의 차이를 비교한 뒤, 우리 정원의 뛰어난 점을 들어보세요.

일본 사람들은 옛날부터 집 안에 카레산스이라는 정원을 만들고 즐겼습니다. 이 정원은 나무 한 그루, 풀 한 포기 심지 않고 돌과 모래로만 자연을 표현합니다. 바닥에 연못을 만드는 대신 모래를 곱게 깐 뒤 그 위에 돌을 놓아 물 위에 섬이 떠 있는 것처럼 꾸밉니다.

▲일본의 카레산스이는 바닥에 연못을 만들지 않고 모래를 깐 것이 특징이다.

머리에 쏘옥

일본 정원과 우리나라 정원의 특징

일본 정원은 사람의 손으로 만든 자연을 집 안에 들여 놓았습니다. 그들은 정원에서 자연 그대로의 아름다움을 즐기려고 하지 않았어요. 자신이 꾸민 정원을 다른 사람이 보고, 깊고 조용한 마음씨를 느끼길 바랐어요. 그래서 정원에 대나무 숲을 만들거나 차 마시는 공간을 만들기도 했지요.

이에 비해 우리 조상들은 자연 그대로를 즐겼기 때문에 정원을 일부러 만들지 않았어요. 근사한 기와집을 지어도, 마당에 아무것도 꾸미지 않고, 비워 놓았어요. 담장 옆에 나무나 꽃을 심는 게 고작이었지요. 마당은 곡식을 다듬고, 고추같은 것을 말리고, 타작 등 농사일을 하는 공간이었어요. 또 결혼식과 장례식 등 중요한 행사를 치르는 곳이기도 했지요.

그래서 조상들은 자연을 망가뜨리지 않고 집 뒤로 펼쳐진 언덕과 산속의 경치 좋은 곳을 정원으로 삼은 것입니다.

생각이 쑤욱

6 (마)와 (바)를 참고해 조상들이 생각했던 좋은 집과 요즘 사람들이 생각하는 좋은 집의 기준을 정리하고, 내가 생각하는 좋은 집의 기준을 제시하세요.

▲한옥은 나무와 흙 등 자연에서 얻은 재료로 지어 건강에 이롭다.

머리에 쏘옥

요즘에는 집을 살 때 어떤 점을 살필까

요즘에는 재산을 불리는 수단으로 집을 가장 중요하게 생각하는 사람들이 많아요. 그래서 나중에 가격이 오를지, 손해는 보지 않을지부터 살핍니다. 집 근처에 전철역이 있는지 학군이 좋은지 따지는 이유도 여기에 있습니다.

아파트는 단지가 크면 관리비가 싸고 편의 시설이 잘 갖춰져 팔 때 유리합니다. 살 때보다 비싸게 팔 수 있는 점도 아파트를 좋아하는 까닭입니다.

▲아파트는 생활하기에 편리해 찾는 사람들이 많다.

생각이 쑤욱

7 아래 기사를 참고해 최근 한옥이 인기를 끄는 까닭을 설명하고, 어떻게 하면 한옥의 인기를 이어갈 수 있을지 아이디어를 내 보세요(300~400자).

> 불편하다는 이유로 외면을 당했던 한옥이 살림집으로 되살아나고 있다. 건강에 좋은 집으로 알려져 있고, 주방과 화장실 등 시설도 현대화되어 생활하기에 편리해졌기 때문이다. 이에 따라 한옥에 관심을 갖는 사람이 늘어나고 있다. 살림집뿐만 아니라 찻집과 식당도 한옥으로 짓는다. 도서관과 주민센터 등 관공서의 건물도 한옥을 택하는 사례가 많다.
>
> <신문 기사 참조>

▲요즘에는 살림집뿐만 아니라 도서관과 주민센터도 한옥으로 짓는 사례가 많다.

05 문화
한글, 정보화 시대에 날개를 달다

『난 한글에 홀딱 반했어!』
유다정 지음, 토토북 펴냄, 108쪽

줄거리

한글은 600년 전에 만들어졌는데도 인터넷 통신 등 지금의 문화를 즐기는 데 알맞습니다. 한글이 24개의 적은 글자로 이뤄져 있고, 컴퓨터나 휴대전화 등으로 의사를 소통하는 데 편리하기 때문입니다. 한글은 현재 글자의 역할뿐 아니라 디자인에도 사용되고 예술 작품에도 이용되고 있습니다.

본문 맛보기

글을 몰라 삼 년 동안 일하고도 돈 못 받아

▲글을 모르는 막쇠는 부자 영감에게 속아 삼 년 동안 일하고도 돈을 받지 못한 채 쫓겨났다.

(가)"자, 여기다 삼 년 동안 열심히 일하면 밭을 떼 주겠다고 썼으니 너도 손도장을 찍어라." 부자 영감이 글을 모르는 막쇠를 감쪽같이 속인 거지. 막쇠처럼 지위가 낮고 가난한 백성은 아침부터 밤까지 일하느라 한 자를 익힐 시간이 없었어. 한자는 자주 쓰는 글자만 해도 몇천 자나 되어, 배우려면 시간이 아주 오래 걸렸거든. 그러니 농사일을 하지 않는 양반이나 배울 수 있었던 거지. 세종은 궁리하고 또 궁리하다가 결정했어. "누구나 쉽게 배울 수 있는 글자를 만들자!" (15, 17, 25쪽)

세종이 우리 글자 만들려고 하자 신하들이 반대

▲세종이 우리 글자를 만들려고 하자 신하들이 반대하고 있다.

(나)세종은 왕실 가족과 함께 연구한 것을 바탕으로 또 연구하고, 또 연구하여 소리 나는 대로 적을 수 있는 글자를 만들었어. 드디어 우리글 훈민정음이 탄생한 거야. 훈민정음이 만들어졌을 때 모두 좋아했을까? 그렇지 않아. 우리 조상은 중국을 선진국이라고 생각했어. 그래서 중국을 본받아야 나라가 발전한다고 믿었지. 우리나라 사람만이 쓰는 글자를 만드는 건 부끄러운 일이라고 여긴 거지. 배우기 쉬운 훈민정음을 사용하면 사람들이 한자 공부를 게을리해서 선진국인 중국 문화를 받아들이기 어려울 것이라 생각했지. (31~32, 52~53쪽)

 본문 맛보기

일본은 우리나라 빼앗고 한글 사용 막아

(다)1910년 일본이 총칼을 앞세우고 쳐들어와서 우리나라를 강제로 빼앗았어. 그러고는 우리말과 우리글을 쓰지 못하게 하고 일본말과 일본글을 쓰라고 강요했지. 한글로 된 신문이나 잡지도 만들지 못하게 하고, 심지어는 이름까지 일본식으로 바꾸라고 강요했다니까. 그건 나라말 속에 그 나라 사람이 지닌 정신이 담겨 있기 때문이야. 글도 마찬가지고. 그러니까 우리말과 글을 쓰지 못하게 하면 조선 사람의 정신이 사라져서 일본을 잘 섬길 것으로 생각한 거지. 나라를 되찾으려면 어떤 일을 해야 하는지도 알고 행동할 수 있지. (70쪽, 72쪽)

▲일본은 우리나라를 빼앗은 뒤 한글을 사용하지 못하게 금지했다.

우리말 살리기 위해 맞춤법 통일안 만들어

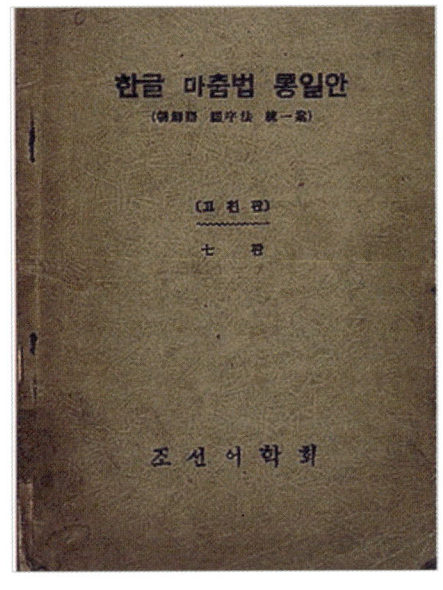

(라)누구든지 단번에 알아들을 수 있는 단어로 표준을 삼아야 하지 않을까? 일본에 의해 사라질 뻔한 우리말을 살리려고 앞장선 사람은 주시경이야. 조선어학회는 한글 맞춤법 통일안을 만들고 표준말도 정리했지. 그때 만든 맞춤법 통일안이 지금 우리가 쓰는 맞춤법의 기초가 되었단다. 표준말 정리는 사전을 만들기 위해 꼭 해야만 했어. 잠자리를 가리키는 말이 23가지나 되니 표준말을 정하지 않고는 한글 교육을 제대로 하기도, 그에 필요한 기초 자료인 사전을 만들기도 어려웠거든. (73~75쪽)

▲1933년 만들어진 한글 맞춤법 통일안.

뜻 모를 정도의 통신 언어 사용은 좋지 않아

▲통신 언어를 실생활에서도 많이 쓰면 우리말이 파괴된다.

(마)휴대전화 문자를 보내거나 인터넷 채팅을 할 때는 정해진 공간에서 짧은 시간에 말을 전해야 하기 때문에 말을 줄여서 하게 되는 것 같아. 그렇다고 마구 줄이거나 이상하게 만들어 쓰는 건 좋지 않아. 그런 것은 아무리 봐도 무슨 뜻인지 짐작하기 어렵거든. 새로 만들어지는 통신 언어가 무조건 나쁘다고 할 수는 없어. 하지만 뜻이 제대로 통하지 않을 정도로 마구 만들어서 사용하는 건 좋지 않아. 또 새로운 말을 무조건 따라 하는 것도 좋지 않단다. 통신 언어를 실생활에서 너무 많이 사용하는 것도 문제지만, 예부터 전해 내려온 예쁜 우리말이 점점 사라지는 것도 문제야. (79~80쪽)

한글은 세계에서 가장 간결하고 과학적인 글자

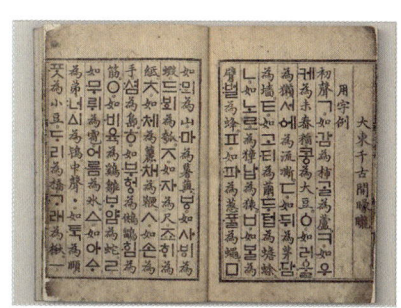
▲『훈민정음 해례본』(국보 70호). 한글을 만든 학자들이 한글의 자음과 모음을 만든 원리와 사용법을 자세히 설명했다.

(바)『훈민정음 해례본』이 발견되자 또 한 번 놀랐지. 이 책에는 한글이 다른 글자를 바탕으로 만들어진 것이 아니라, 세종대왕이 발명한 우리 고유의 글자라고 씌어 있었거든. 그와 함께 한글이 세계 모든 글자 중에서 가장 간결하고 과학적인 글자란 것도 알려졌지. 한글이 가진 우수함이 드러난 거야. 한글은 세계에서 가장 배우기 쉬운 글자야. 그래서 우리나라 사람은 글자를 모르는 사람이 거의 없지. 1997년 10월 1일, 유네스코로부터 우수성을 인정받아 세계기록유산으로 지정되었단다. (90, 93~95쪽)

생각이 쑤욱

1 (가)에 나오는 막쇠의 이야기를 참고해, 내가 어른이 되어도 글자를 모르면 어떤 일이 벌어질지 아는 대로 말해 보세요.

2 세종대왕이 중국 글자인 한자 대신 우리 글자인 한글(훈민정음)을 만들려고 하자 신하들이 반대했어요. 세종대왕의 입장에서 신하들을 어떻게 설득할지 1분 동안 말해 보세요.

중국과 다른 문자를 만드는 것은 큰 나라를 모시는 예의에 어긋납니다. 그리고 스스로 오랑캐가 되는 것이니 아니 되옵니다.

머리에 쏘옥

훈민정음을 반대한 신하 최만리

최만리(?~1445)는 세종대왕이 훈민정음을 만든 사실을 발표하려고 하자 임금에게 이를 반대하는 글을 올린 신하예요.

그는 다음과 같이 말했어요. "글이 있어도 백성들의 원통함을 푸는 데는 도움이 되지 않습니다. 백성들이 억울한 일을 당하는 이유는 글을 몰라서가 아니라 관리의 인성이 나쁘기 때문입니다. 게다가 신하들과 상의 없이 문자를 보급하는 것은 절차상 맞지 않습니다."

세종대왕은 최만리를 포함해 글을 올린 신하들을 모두 감옥에 넣었다가 다음 날 풀어 주었답니다.

▲조선 시대 임금에게 올리는 상소문을 읽는 모습을 재현했다.

생각이 쑤욱

3 우리말과 글을 지키는 일이 중요한 까닭은 무엇인가요?

4 표준말이 필요한 까닭을 예를 들어 설명하세요.

▲같은 나라에서 같은 언어를 사용해도 지역마다 말이 너무 다르면 서로 말이 통하지 않아 혼란이 생긴다.

머리에 쏘옥

언어가 사라지면

유엔에 따르면 세계의 언어는 5000~7000종류나 된다고 해요. 그런데 이 가운데 3000개가 100년 안에 사라질 수 있답니다.

언어가 사라지면 그 언어를 쓰던 사람들의 문화도 함께 사라집니다. 예를 들면 소수 부족이 질병 치료에 사용하던 약초가 있는데, 이들의 언어가 사라지면 약초 치료법을 전할 길이 없어지는 것이죠. 특히 하와이어에는 하와이만의 천연 자원을 묘사하는 말과 원주민들이 터득한 생활 기술이 담겨 있었는데, 지금은 단어 몇 개를 빼고는 모두 사라졌답니다.

표준말

표준말이란 한 나라의 표준이 되는 말인데, 대개 그 나라의 수도에서 쓰는 말로 정합니다. 예를 들어 영국은 런던, 프랑스는 파리, 일본은 도쿄에서 쓰는 말을 표준말로 삼지요. 우리나라는 '교양 있는 사람들이 두루 쓰는 현대 서울말'로 정함을 원칙으로 하고 있어요.

표준어를 사용하면 사람들끼리 의사 소통이 잘 되지요. 또 지식이나 정보를 쉽게 얻을 수 있으며, 교육도 효과적으로 할 수 있습니다.

생각이 쑤욱

5 청소년들이 주로 사용하는 통신 언어는 '외계어'라는 말이 나올 정도로 뜻을 모를 말이 많답니다. 통신 언어를 생활에서 사용하는 것을 놓고 내 의견을 말해 보세요.

찬성	반대

머리에 쏘옥

통신 언어

　인터넷 등 온라인에서 이루어지는 모든 의사 소통 과정에서 사용되는 음성, 문자, 이모티콘을 말해요. 주로 컴퓨터로 의견을 주고받을 때 사용되어 통신 언어라고 하죠. 인터넷 사용자가 늘면서 청소년들이 만들어 사용하기 시작했어요.

　통신 언어는 인터넷 사용자들끼리 쓰는 언어여서 의사 소통이 빠릅니다. 또 단어가 다양하게 바뀌어 창의적이죠.

　하지만 지나치게 줄여 쓰거나 문법에 맞지 않는 말이 많아서 언어가 파괴되는 단점도 있습니다. 그리고 세대 차이가 나는 사람들과 의사를 소통하는 데도 문제가 생길 수 있어요.

▲청소년층이 즐겨 쓰는 통신 언어.

생각이 쑥쑥

6 말은 생기거나 사라지고, 바뀌기도 합니다. 왜 그런지 표에 든 단어를 예로 들어 설명하세요.

새로 생긴 말	인공위성	
	세탁기	
사라진 말	영감	
	뫼	

머리에 쏘옥

언어도 시간이 지나면 바뀐다

언어는 그 언어를 사용하는 사람들의 약속이랍니다. 남을 가르치는 사람을 '선생님'이라고 쓰기로 약속한 것이죠.

그런데 세상의 모든 것이 변하듯 시간이 지나며 언어도 바뀝니다. 옛날에 사용했던 말과 지금 사용하는 말을 비교하면 꽤 달라진 걸 알 수 있지요.

어떤 말은 아예 사라졌습니다. 온(백), 즈믄(천), 가람(강) 등이 그 예입니다. 어떤 말은 새로 생겼는데, 컴퓨터, 휴대전화, 인공지능 등을 들 수 있어요. 어떤 말은 뜻이나 형태가 바뀐 것도 있지요. '물'은 원래 '믈'이, '나무'는 '나모'가 변한 말입니다.

생각이 쑤욱

7 아래 글을 참고해 한글이 왜 옛날보다 지금 더 인정을 받는지 말해 보세요(300~400자).

> 오늘날에는 정보 통신 기술이 발달하면서 다양한 통신기기를 이용해 정보를 전달하는 일이 중요해졌다. 통신기기를 이용해 글자를 쓸 때는 한글을 이용하는 것이 영어나 중국어, 일본어보다 훨씬 쉽고 빠르다. 영어는 26개의 자판이 다 있어야 하고, 중국어나 일본어는 알파벳을 이용해 해당 문자로 바꿔야 한다. 이에 비해 한글은 글자 수가 24개이지만, 12개의 자판만으로도 사용할 수 있다. 훈민정음의 글자 만드는 공식을 응용하기 때문이다. 한글 덕분에 첨단기기를 손쉽고 빠르게 이용할 수 있게 된 것이다.
>
> <신문 기사 참조>

▲한글 덕분에 첨단기기를 손쉽고 빠르게 이용할 수 있게 되었다.

06 기타 상상력은 사과를 우주만큼 키운다

『세상을 바꾼 상상력 사과 한 알』

정연숙 지음, 논장 펴냄, 92쪽

 줄거리

　옛날부터 지금까지 사과에 얽혀 세상을 바꾼 사람들의 남다른 생각을 보여 줍니다. '이브의 사과'에서는 호기심 때문에 하느님이 먹지 말라는 사과를 먹은 이브의 이야기를, '뉴턴의 사과'는 떨어지는 사과를 보며 우주가 움직이는 원리를 밝힌 뉴턴의 이야기를 실었습니다. 자유를 얻기 위해 맞서 싸운 빌헬름 텔과 그의 아들 발터 이야기, 기존의 화가들과 다른 생각을 하려고 했던 세잔의 이야기도 만날 수 있습니다. 스마트폰을 발명한 스티브 잡스도 볼 수 있습니다.

본문 맛보기

사과의 유혹 못 이기고 하느님과의 약속 저버려

▲아담과 이브가 에덴동산에서 사과를 먹으면 어떻게 될지 대화를 나누고 있다.

(가)뱀이 혀를 날름거리며 말했어요. "에덴동산에서 가장 맛있는 게 뭔지 아니? 바로 사과야. 지금껏 못 먹어 봤지? 자, 한번 먹어 봐." 빨갛게 잘 익은 사과는 군침이 돌 정도로 맛있게 보였어요. 이브는 사과를 따려고 손을 뻗으려다 이내 고개를 가로저었어요. "안 돼. 하느님이 에덴동산에 있는 건 다 먹어도 되지만 이 열매만은 절대 먹지 말라고 하셨어." "이걸 먹으면 너랑 아담이 하느님처럼 지혜로워질까 봐 그런 거야." "사과를 먹으면 내가 지혜로워질까, 온 세상을 만드신 하느님처럼?" "아삭!" 새콤달콤한 사과즙이 입 안 가득 고였어요. (13~14쪽)

사과 한 알이 예술적인 상상력 풍성하게 만들어

▲트로이 전쟁을 일으킨 원인이 된 황금 사과.

(나)사람들은 상상력을 발휘해서 사과 한 알로 나라의 운명이 뒤바뀌고, 세상이 처음 생기고, 인간과 신의 기쁨과 슬픔이 담긴 이야기인 '신화'를 지어냈어요. 신화를 듣고 자란 아이들은 훗날 어른이 되어 신화 속 이야기를 시, 음악, 미술 같은 아름다운 '예술'로 새롭게 펼쳤어요. 그리스의 시인 호메로스(?~?)는 황금 사과 한 알 때문에 일어난 트로이 전쟁을 '일리아드'라는 시로 노래했어요. 화가들은 신화 속 인물들을 주인공으로 그림을 그렸어요. 어쩌면 지금 이 순간에도 누군가가 사과 노래를 부르고, 또 다른 사과 이야기를 쓰고 있을지도 몰라요. (28, 30쪽)

이런 뜻이에요
에덴동산 기독교의 구약 성경에 나오는 지상 낙원. 괴로움이나 고통이 없이 안락하게 살 수 있는 곳을 말한다.
트로이 전쟁 고대 그리스의 영웅을 그린 시에 나오는 기원전 13세기경의 그리스와 트로이의 전쟁. 불화의 여신 에리스가 남긴 황금 사과를 두고 전쟁이 벌어졌다.

본문 맛보기

사과 떨어지는 모습 보고 우주의 운동 원리 밝혀

(다)뉴턴(1642~1727)은 나무에서 사과가 떨어지는 모습을 보고 우주의 운동 원리를 풀어냈어요. 그럼에도 뉴턴은 "태양을 중심으로 행성들이 타원형으로 돈다는 법칙을 발견한 케플러의 연구와 지동설을 증명한 갈릴레이의 관찰이 없었다면, 제가 만유인력의 법칙을 발견할 수 있었을까요?" 하고 말했어요. 그 뒤 과학자들은 뉴턴 덕분에 더 크고 넓은 생각을 품었어요. '사람이 달에 갈 수 있을까?' '우주에서 내려다본 지구는 어떤 모습일까?' 인공위성을 쏘아 올리고, 우주선을 타고 달에 첫발을 내디딘 것은 뉴턴이 사과를 보고 생각한 덕분이랍니다. (41, 43~44쪽)

▲뉴턴은 떨어지는 사과를 보고 우주가 움직이는 원리를 밝혀냈다.

빌헬름 텔의 사과 이야기가 독립의 꿈 심어 줘

(라)14세기 무렵, 스위스는 오스트리아에게 지배를 당했어요. 이때 뛰어난 활쏘기 솜씨와 용기로 아들의 목숨을 구한 빌헬름 텔의 이야기가 문학 작품으로 세상에 나왔어요. 빌헬름 텔이 아들 발터를 데리고 광장을 지나는데, 그곳에 있던 총독의 모자에 인사를 하지 않았다면서 병사들이 그를 붙잡았어요. 때마침 게슬러 총독이 지나가다가 텔의 아들 머리 위에 사과를 얹을 테니 한 번에 맞히면 목숨을 살려 주겠다고 말했어요. 텔은 용기를 내서 화살을 쏘아 사과를 맞혔어요. 총독에게 맞선 텔의 이야기가 퍼지자 억압에 시달린 스위스 국민은 힘을 합쳐 오스트리아의 총독을 쫓아내고 자유를 찾았어요. (52~62쪽)

▲아들의 머리 위에 얹힌 사과는 자유와 독립의 꿈을 상징한다.

'세잔의 사과'는 새로운 그림 세계 열어

▲세잔이 1895~1900년 사이에 내놓은 '사과와 오렌지'(캔버스에 유채, 74×93센티미터, 프랑스 오르세미술관에 있음). 대상의 형태를 단순화해 그린 것이 특징이다.

(마)세잔(1839~1906)은 초기에 풍경화를 그렸는데 관심을 받지 못했어요. 웅장한 자연과 신화의 주인공을 정확하고 생생하게 그린 그림이 인정받던 때였죠. 어느 날 세잔은 사과 하나로 파리를 놀라게 하겠다는 다짐을 했어요. 세잔은 사과의 형태를 완벽하게 살리기 위해 수백 년 전부터 화가들이 지켜 온 법칙인 원근법을 버렸어요. 그 뒤 세잔은 앞과 뒤, 옆 여러 시점을 담은 그림을 그렸어요. 미술 비평가들은 눈앞의 대상을 보이는 대로가 아니라 형태를 단순화해 그려 새로운 그림의 세계를 열었다고 평가했습니다. (68~72쪽)

사과를 기계에 생명 불어넣는 존재로 생각

▲자기 회사의 상징인 사과를 손에 든 스티브 잡스.

(바)스티브 잡스(1955~2011)는 어릴 적에 자동차 창고에서 노는 걸 좋아했어요. 나사와 볼트, 드라이버 같은 공구들로 가득 찬 창고는 상상의 세계를 마음껏 펼치며 놀 수 있어서 좋았죠. 어두컴컴한 창고에서 두 눈을 반짝이며 멀쩡한 기계를 뜯어내고 다시 조립하면 시간이 가는 줄도 몰랐어요. 1976년 스무 살이 된 잡스는 친구와 함께 어린 시절 놀이터였던 창고에 컴퓨터 회사를 차렸어요. 남들이 보기엔 작고 초라한 회사였지만 두 사람은 자신만만했어요. 그리고 회사 이름을 '애플 컴퓨터'로 정했어요. 딱딱한 기계에 생명을 불어넣은 이름 같다고 느꼈기 때문입니다. (78쪽)

이런 뜻이에요
원근법 입체와 그 입체가 차지하는 공간의 관계를 평면에 나타내는 기법.

생각이 쑤욱

1 이브가 뱀의 유혹을 물리치지 못한 까닭은 무엇인가요?

▲이브는 사과의 맛이 어떨까 매우 궁금했다.

2 (나)에서 황금 사과는 예술의 발전에 어떤 영향을 끼쳤나요?

머리에 쏘옥

호기심과 상상력

사람은 누구나 호기심을 가지고 있습니다. 그래서 새로운 사람이나 사물을 만나면 호기심을 갖게 되지요.

이브는 그동안 한 번도 먹어 본 적이 없는 사과를 보고 호기심이 생겼어요. 빨갛게 잘 익은 사과는 하느님과의 약속을 저버릴 정도로, 매력적인 모습이었기 때문이죠.

이브는 사과를 먹으면 어떻게 될까 상상해 보았어요. 뱀의 말대로 온 세상을 만드신 하느님처럼 지혜로운 사람이 될 자신의 모습을 상상하면서 사과를 먹었지요.

황금 사과가 예술에 미친 영향력

황금 사과는 아름다움을 원하는 사람의 본능을 뜻합니다. 황금 사과는 신화의 소재가 되었고, 신화는 예술가들에게 영감을 줘서 시와 음악, 조각상과 그림 등으로 창작되었습니다.

아프로디테와 그에게 사과를 주었던 파리스도 화가들의 마음을 사로잡아 그림 속의 주인공이 되었답니다.

생각이 쑤욱

3 (다)에서 뉴턴이 만유인력의 법칙을 발견하게 된 힘은 어디서 나왔다고 생각하는지 말해 보세요.

☞만유인력이란 우주의 모든 물체 사이에 서로 끌어당기는 힘을 말합니다. 책상 위 연필과 지우개, 나와 휴대전화도 서로 끌어당기지만 힘의 크기가 작아서 그 힘을 느낄 수 없을 뿐입니다.

▲뉴턴은 나무에서 떨어지는 사과를 보고 만유인력의 법칙을 발견했다.

4 (라)에서 사과가 스위스의 독립을 이루게 만든 과정을 설명하세요.

☞빌헬름 텔의 아들 머리 위에 얹힌 사과는 자유와 독립의 꿈을 나타냅니다.

▲『빌헬름 텔』의 책 표지.

머리에 쏘옥

뉴턴과 만유인력의 법칙 발견

뉴턴은 이미 독일의 천문학자인 케플러(1571~1630)의 연구를 공부해 태양을 중심으로 행성들이 타원형으로 돈다는 사실을 알았습니다. 이탈리아의 천문학자인 갈릴레오 갈릴레이(1564~1642)가 증명한 지동설도 알고 있었죠. 뉴턴은 어려서부터 독서를 무척 좋아했고, 읽은 내용을 공책에 정리하는 습관을 들였습니다. 그리고 반드시 궁금한 점을 덧붙였어요. 읽은 내용 가운데 검증이 필요하면 실험을 하기도 했어요.

뉴턴의 이러한 습관은 자신의 관찰력을 더욱 날카롭게 만들어 주었어요. 덕분에 같은 것을 봐도 남다르게 봤고, 사과가 떨어지는 현상에서 만유인력을 발견할 수 있었답니다.

빌헬름 텔의 사과

빌헬름 텔의 사과 이야기에서, 지은이는 달콤한 사과를 보며 자유와 독립을 떠올렸을 것입니다. 하지만 그걸 얻으려면 아들의 머리 위에 얹고 화살을 쏘아 맞혀야 하는 만큼의 위험과 두려움을 이겨 내야 했지요. 그래서 활을 잘 쏘고 용기가 있는 빌헬름 텔을 등장시켜 그 일을 해내게 만듭니다. 이러한 텔의 모습에 용기를 얻어 스위스 국민이 행동하도록 하고 싶었던 것이죠.

5 (마)에서 사람들이 정물화인 폴 세잔의 사과 그림을 보면서도 움직이는 세계를 보는 듯 상상의 세계를 펼칠 수 있었던 까닭은 무엇인가요? 그리고 상상력을 발휘해 아래 사과 그림에 맞는 이야기를 지어 1분 동안 말해 보세요.

▲세잔이 1890년에 내놓은 '사과가 있는 정물'(캔버스에 유채, 35.2×46.2센티미터, 상트 페테르부르크 에르미타주미술관에 있음). 여러 시점을 담은 것이 특징이다.

머리에 쏘옥

이야기가 담긴 폴 세잔의 그림 세계

세잔은 사과와 빵, 바구니 같은 정물화 그리기를 좋아했어요. 그런데 대상을 한 시점에서 보면 각각의 형태를 완벽하게 표현할 수 없다고 생각해 원근법을 버렸어요. 원근법은 한 시점에서 멀리 있는 것은 작게, 가까이 있는 것은 크게 그리는 방법인데, 그림을 현실감 있게 나타내는 방법입니다.

세잔은 같은 사과라도 오른쪽과 왼쪽에서 본 모습이 다름을 알고 여러 시점을 담은 그림을 그렸어요. 그리고 세상 모든 것은 원과 고깔, 원기둥 같은 저마다의 모양을 가져서, 사과와 사람 머리는 동그란 공, 나무와 산은 고깔 모양으로 단순하게 나타낼 수 있음을 발견했어요.

마침내 세잔의 능력을 알아본 한 미술 상인이 전시회를 열어 준 뒤 그의 그림이 세상에 알려졌습니다. 이렇게 해서 사과 하나로 파리를 놀라게 하겠다는 자기의 다짐을 20여 년 만에 이루게 되었답니다.

생각이 쑤욱

6 (바)에서 스티브 잡스는 딱딱한 기계에 생명을 불어넣은 이름 같다며, 자기 회사 이름을 사과에서 따왔습니다. (나)와 아래 글을 참고해, 4차 산업혁명 시대에 왜 상상력이 과거보다 더 필요한지 밝히고, 상상력을 키울 수 있는 방법을 제시하세요.

> 4차 산업혁명 시대는 '지능 정보화 시대'다. 지능은 지식과 다르다. 답이 없는 문제를 자꾸 생각하게 만들어야 한다. 그게 바로 상상력 교육이다. 노벨상은 기술이 뛰어난 사람이 받는 게 아니라, 기술과 상상력을 결합한 사람이 받는다. 따라서 해외의 유명 공과대학들은 학생들에게 인문학을 많이 가르친다. 신화와 문학 등 인문학 공부가 상상력을 키우는 데 도움이 되기 때문이다.
>
> <신문 기사 참조>

▲4차 산업혁명 시대에는 답이 없는 문제를 풀 수 있어야 한다.

인문학 언어, 문학, 역사, 철학 등을 연구하는 학문.

머리에 쏘옥

스티브 잡스와 융복합 사고

스티브 잡스는 융복합 사고에 뛰어난 사람으로 알려져 있지요. 융복합 사고란 과학과 문학처럼 서로 종류가 다른 학문을 결합시켜 새로운 생각을 하는 것을 말해요. 4차 산업혁명 시대에 꼭 갖춰야 하는 능력이지요.

2007년 1월, 스티브 잡스가 아이폰을 처음 공개했어요. 언론에서는 '모든 것을 바꿔 놓을 혁명'이라는 그의 말을 제목으로 뽑았어요. 사람들은 그의 아이디어와 창의력이 어디에서 나오는지 궁금했어요.

잡스는 영국의 시인 윌리엄 블레이크(1757~1827)의 시에서 영감을 얻는다고 말했어요. 이때부터 '잡스와 시적 상상력'이란 주제가 기업 강의와 인문학 강의의 단골 소재로 떠올랐답니다.

▲윌리엄 블레이크

7 상상력과 사고력이 중심이 되는 시대에 학교에서 객관식 시험을 없애고 서술형이나 논술형으로 바꿔야 한다는 주장이 있습니다. 내 의견은 어떤지 밝혀 보세요(300~400자).

> 객관식 시험을 반대하는 사람들은 4차 산업혁명 시대에 적합한 인재를 길러 낼 수 없기 때문이라고 말한다. 서술형과 논술형 시험은 일정한 틀에서 벗어나 학생들이 자유롭게 제시한 결과물을 평가한다. 따라서 학생뿐 아니라 교사의 수업 방식도 창의적으로 바뀔 수 있다고 말한다. 객관식 시험에 찬성하는 사람들은 서술형이나 논술형 시험은 정답이 없기 때문에 학생과 학부모를 설득할 수 있는 공정한 평가 기준을 마련하기 어렵다고 주장한다. 채점자의 생각도 점수에 영향을 미칠 수 있다. 그리고 초등학교의 경우 단순한 지식 수준을 평가해야 할 때가 많아 객관식 시험이 필요하다고 맞선다.
>
>
> ▲학생들이 객관식 시험을 보고 있다.
>
> <신문 기사 참조>

07 국내 문학
반장 자리가 만들어 준 깨달음

『잘못 뽑은 반장』
이은재 지음, 주니어김영사 펴냄, 220쪽

 줄거리

　이로운은 '해로운'이란 별명을 가진 소문난 말썽꾸러기입니다. 어느 날 로운이는 친구와 이야기하다 장난처럼 반장 선거에 나갑니다. 그리고 반 친구들을 협박하거나 구슬려서 당선됩니다. 로운이는 반장이 되어서도 과거처럼 똑같이 말썽을 부립니다. 그러다 친구들의 일을 돕고 반의 일에 책임을 느끼기 시작하면서 점점 반장의 모습을 갖춥니다. 자신을 인정해 주는 친구들과 칭찬하시는 선생님의 모습에 뿌듯함도 느낍니다. '해로운'이란 별명에 화만 내던 로운이가 모두에게 인정을 받는 반장으로 바뀐 것입니다.

'해로운'이 반장 선거에 나가다니 말도 안 돼

▲이로운을 비웃는 친구들. 〈TV로 보는 원작 동화 중에서〉

(가)반 아이들도 마찬가지였다. 모두들 나만 보면 빈정대거나 비웃었다. 나는 줄곧 아이들에게 감시당하는 기분이었다. "나눗셈도 제대로 못하면서 반장이 되겠다고!" "급식 먹을 때 새치기나 하는 자식이 무슨 반장이야!" "오늘도 자기가 좋아하는 반찬만 골라 먹고 먹기 싫은 건 다 쏟아버렸어. 난 로운이 같은 애는 절대로 안 찍을 거야." 더 정확히 말하자면 오기보다 분노에 가까웠다. 나는 시간이 갈수록 '넌 절대로 안 돼!' 하는 눈빛들에 점점 더 화가 치밀었다. (30쪽)

유세를 하는 데도 반 아이들은 비웃기만 해

▲반 친구들 앞에서 공약을 발표하는 로운이. 〈TV로 보는 원작 동화 중에서〉

(나)"저를 반장으로 뽑아 주시면 여러분의 머슴이 되겠습니다. 머슴처럼 시키는 일은 무엇이든 다 하고, 언제 어디서나 여러분을 돕겠습니다. 머슴이 필요하신 분은 저를 꼭 뽑아 주세요. 부탁입니다." 아이들은 큰 소리로 웃기 시작했다. 손바닥으로 책상을 쾅쾅 치는 아이들도 있었다. "아, 진짜예요. 거짓말이 아닙니다. 믿어 주세요. 반장으로 뽑아 주기 싫으면 부반장이라도 괜찮습니다." 나는 아까보다 더 큰 목소리로 말했다. 배에 힘을 주고 말하다 보니 떨리는 마음도 사라졌다. 아이들은 여전히 교실이 흔들리도록 웃기만 했다. 내 연설이 그렇게 우습나! 모두들 나를 웃음거리로 여기는 것 같아서 속상했다. (56쪽)

본문 맛보기

반 친구들이 머슴처럼 부리려고 들어

(다) "야, 반장. 이 두부 좀 먹어 줘." 영진이가 자기 식판을 불쑥 내밀며 말했다. "네가 우리 반 머슴이 되겠다고 했잖아. 그러니까 빨리 약속 지켜." 영진이는 식판을 내 코앞으로 바싹 들이밀었다. 기가 막혔다. "네가 먹기 싫은 걸 왜 내가 먹어? 난 너 같은 자식 머슴 노릇할 생각 없으니 식판 들고 꺼져." "이 거짓말쟁이!" 영진이가 식판을 들고 가버렸다. 나는 남은 음식을 잔반통에 부어 버렸다. 반찬을 남겨 잔소리를 듣던 정규가 나를 보고 코웃음을 쳤다. "야, 조백희! 너 봤지? 반장이란 자식도 저렇게 마음대로 음식을 버리는데 왜 나한테만 깐깐하게 구는 거야?" (90~91쪽)

▲급식실에서 친구들과 다투는 로운이. 〈TV로 보는 원작 동화 중에서〉

반장 자리에는 뒤따르는 책임이 많아

(라) "반장이 숙제도 안 해 오면 되겠어?" 선생님이 한 번 더 호통을 친 뒤 반장 도우미인 제하에게 아이들 숙제 검사를 시켰다. 원래 반장이 할 일이었지만 숙제를 안 했으니 나는 검사할 자격이 없다고 했다. "넌 벌점 세 개야." 제하가 선생님이 준 숙제 검사 수첩에 내 이름을 쓰고 빨간색 빗금을 세 개나 그었다.

▲반 아이들에게 화를 내는 로운이. 〈TV로 보는 원작 동화 중에서〉

"왜 세 개야? 숙제를 안 해 올 때마다 벌점 하나씩만 주는 거잖아." 내가 따지자 녀석이 코웃음을 쳤다. "벌점을 주는 건 내 마음이여. 반장은 잘못하면 다른 애들보다 벌점을 더 많이 받는 게 당연하지 않아?" 어처구니가 없었다. (115~116쪽)

본문 맛보기

귀찮은 일 자꾸 하다 보니 귀찮지 않아

▲로운이와 부쩍 가까워진 부반장 백희. 〈TV로 보는 원작 동화 중에서〉

(마)나는 한 달이 넘도록 백희를 포함해 우유만 마시면 속이 울렁거리는 아이들의 우유를 대신 마셔 주고, 급식 도우미일도 거들었다. 자꾸 하다 보니 별로 귀찮지 않았다. 아이들이 밥을 맛있게 먹는 것을 보면 병아리들을 돌보는 어미닭이 된 것처럼 마음이 흐뭇해질 때도 있었다. 우스운 일이다. 내가 당번이 아닌 날에 그런 일을 맡아 하면 선생님도 훨씬 더 푸짐하게 칭찬해 주었다. 아, 나는 정말 내가 대견하고 기특하다. 이따금 내가 아주 쓸모 있는 녀석이라는 생각까지 들 정도였다. (163쪽)

반장 하면서 책임감 있는 학생으로 바뀌어

▲반 친구들과 사이좋게 지내는 이로운. 〈TV로 보는 원작 동화 중에서〉

(바)어느새 겨울방학이 코앞으로 다가왔다. 그새 나는 키가 5센티미터나 자랐다. 초콜릿을 전보다 덜 먹어서 그런지 몸무게는 약간 줄었다. 내 키가 훌쩍 자란 걸 확인한 뒤로 백희는 속이 울렁거려도 꾹 참고 우유를 마시기 시작했다. 재미있는 일이 한 가지 더 있다. 5학년 때 반장 선거에 나가겠다는 아이들이 부쩍 늘어난 것이다. "로운이도 하는데 우리라고 못하겠어!" 그 아이들이 한결같이 입을 모아 하는 말이다. 맞는 말이니까 난 그냥 웃는다. 요즘은 나를 '잘못 뽑은 반장'이니, '해로운'이니 하면서 놀려대는 아이들이 거의 없어 하루하루가 신나고 즐겁다. (217~218쪽)

생각이 쑤욱

1 로운이가 반장 선거에 나가겠다고 말했을 때 반 친구들은 왜 로운이를 비웃었나요?

2 '자리가 사람을 만든다'는 말이 있는데, 이 말로 로운이의 변화를 설명하세요.

☞ '자리가 사람을 만든다'는 말은 책임 있는 자리에 오르면 사람이 바뀌며, 결국 그 자리에 맞는 인물로 거듭난다는 뜻이죠.

▲조선 시대 왕이 앉던 옥좌. 왕이 되면 개인이 아니라 백성 모두의 입장에서 생각하고 행동해야 한다.

머리에 쏘옥

장애 딛고 반장 돼

"몸이 불편한데도 활발하고 언제나 웃는 모습이 정말 좋아요."

부산의 한 초등학교 4학년 임원 선거에서 학급 반장에 뽑힌 이승우 군에 대한 친구들의 칭찬입니다. 이 군은 걸음이 불편한 장애가 있지요. 그런 그가 반 임원 선거에서 반장으로 뽑혔습니다.

승우의 반장 공약은 '4학년 1반을 위해 봉사하겠다.'였습니다. 학생들은 승우가 유쾌하고 무엇이든 해보려는 적극성이 있어 뽑았다고 말했습니다. 3학년 때 승우와 같은 반 친구들은 "승우가 몸은 좀 불편하지만 반장에 출마하는 게 용감해 보였고, 활발하고 재미있는 친구라서 찍었다."고 밝혔습니다. 승우는 "반장이 되어 정말 좋다. 몸이 불편하지만, 친구들에게 많은 표를 받아서 즐겁다."며 기쁜 마음을 드러냈습니다.

생각이 쑤욱

3 로운이는 반의 '머슴'이 되겠다며 자신의 각오를 설명했어요. 반장은 반에서 어떤 모습을 보여야 할지 다른 사람이나 동물, 사물에 빗대어 내 생각을 말해 보세요.

반장은 반의 _____같은 존재가 되어야 해.

왜냐하면 _____

_____

_____기 때문이야.

4 나는 그동안 반장 선거를 할 때 무엇을 기준으로 투표했는지 1분 동안 밝혀 보세요.

▲반장 선거 모습.

머리에 쏘옥

반장을 왜 할까

한 교육업체가 학생 1525명에게 온라인으로 물어본 결과 73퍼센트(1115명)가 반장(회장) 선거에 후보로 나설 계획이 없다고 밝혔습니다. 그 이유는 '공부에 집중할 시간을 빼앗겨서'라는 응답이 가장 많았습니다(22퍼센트).

이에 비해 반장 선거에 나갈 계획이 있다고 응답한 학생들은, 29퍼센트가 '반을 대표할 수 있고 리더십에 흥미가 있어서' 그렇다고 밝혔지요. 이어 '상장이나 임명장을 받을 수 있어서'가 24퍼센트로 2위를 차지했습니다.

'어떤 친구를 반장으로 뽑을 것인가'라는 질문에는 응답자의 절반인 724명이 '공부 잘하고 모범적인 친구'라고 답했고, 이어 16퍼센트가 '인기 있는 친구'였습니다.

생각이 쑤욱

5 제하는 "반장이 잘못하면 더 큰 벌을 받아야 한다."고 말했어요. 반장처럼 권한이 더 큰 사람은 자기 책임을 다하지 못했을 경우 그렇지 않은 사람보다 더 큰 벌을 받아야 하는지 자신의 생각을 말해 보세요.

▲주어진 권한이 큰 사람이 잘못하면 더 큰 벌을 내려야 한다는 사람들도 있다.

머리에 쏘옥

권한이 크면 책임도 커야 할까

반장은 다른 학생의 모범이 되어야 하고 모든 일에 행동을 조심해야 합니다. 반장이 잘못된 행동을 하면 다른 학생들도 그대로 따라서 하기 때문이지요. 이러한 어려움이 있는 자리인 만큼 다른 학생들의 숙제도 검사하고 학급을 대표하는 등 가지는 권한도 큽니다. 그런데 자신의 의무를 다하지 않고 권한만 누리려고 한다면 다른 학생보다 엄한 벌을 받아야 합니다.

반대 의견도 있습니다. 반장이 다른 학생보다 많은 권한을 가진 것은 사실이지만, 그것은 반장이 더 큰 책임을 지고 있기 때문에 주어지는 것입니다. 반장도 같은 학생이고 실수도 할 수 있습니다. 그리고 실수했을 때 스스로 받는 양심의 벌이 다른 학생보다 더 클 것입니다. 따라서 더 많은 권한을 가지고 있다고 벌에 차등을 두어서는 안 됩니다. 같은 죄를 저질렀으면 다른 학생들과 같은 벌을 받아야 공평합니다.

생각이 쑤욱

6 1년 동안 훌륭히 반장 생활을 마무리한 로운이에게 주는 상장을 만들어요.

머리에 쏘옥

상장을 어떻게 꾸밀까

상장은 뛰어난 성적을 거두거나 공로가 있는 사람에게 줍니다. 머리말에는 상장의 이름을 적어야 합니다. 그다음에는 상장을 받는 사람의 이름, 상장을 주는 까닭, 상장을 주는 연월일, 상장을 준 사람의 이름을 차례대로 적습니다. 상장의 종이는 흰색이 일반적입니다. 테두리에는 봉황 무늬를 넣기도 합니다.

상장을 주는 까닭에는 받는 사람이 그동안 어떤 노력을 기울였으며, 그 결과 어떠한 성과를 냈는지 등을 기록합니다. 로운이는 학급을 맡으면서 스스로 소문난 말썽꾸러기에서 모범생으로 바뀌었지요. 또 머슴이 되겠다는 공약을 실천하기 위해 반 친구들이 남기는 우유를 모두 먹어 치웠지요. 무엇보다 무슨 일이든 앞장서서 반 친구들이 좋은 방향으로 바뀌게 만든 점을 높이 평가해야 할 것입니다.

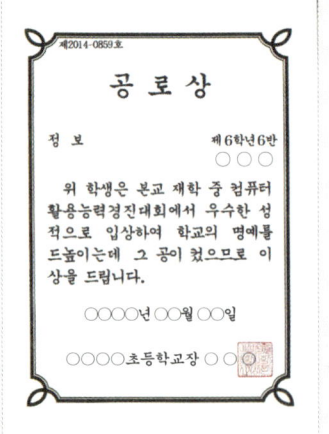

▲상장에는 상을 받는 이유가 들어가야 한다.

생각이 쑤욱

7 반장 선거에 나가려고 해요. 책임질 수 있는 공약을 내세운 뒤 그 공약 실천 계획이 잘 드러나게 연설문을 작성하세요(300~400자).

반장 선거 후보에 나가려면 학급 친구들이 원하는 것을 찾아 공약을 만들어야 한다. '어떤 반을 원하는지', '불만은 어떤 것이 있는지' 등을 친구들에게 물어본 뒤 불만을 들어줄 수 있는 방법을 찾아야 한다. 하지만 아무리 솔깃한 공약도 지킬 수 없다면 좋은 공약이 될 수 없다. 국어 수업 시간에 체육 하기, 학교 시설 개선하기 등의 공약은 반장이 할 수 없는 일이다. 청소를 모두 맡아 하겠다는 공약도 일시적으로는 친구들의 마음을 얻을 수 있지만, 계속 지키기는 어렵다. 이보다는 학급 회의나 설문 조사를 해서 항상 깨끗한 교실을 유지하기 위한 방법을 찾아서 실천하겠다는 등의 약속이 믿을 수 있는 공약이다.

<신문 기사 참조>

▲선거 공약은 지킬 수 있는 약속으로 해야 한다.

| 08 국내 문학 | # 진정한 가족의 의미 되새기게 해 줘 |

『밤티 마을 큰돌이네 집』
이금이 지음, 푸른책들 펴냄, 144쪽

 줄거리

엄마가 집을 나간 뒤로 술에 빠져 사는 아버지, 말하지도 듣지도 못하는 할아버지, 이 집의 큰아들 큰돌이, 큰돌이의 동생 영미의 이야기입니다. 영미는 같은 동네 할머니가 소개해 부잣집에 양딸로 가지만, 밤티 마을 식구들을 잊지 못합니다. 좋은 학용품을 보거나 맛있는 것을 보면 늘 오빠와 아버지, 할아버지를 생각합니다. 큰돌이도 동생 영미가 그립기만 합니다. 영미가 떠난 뒤 큰돌이네 집에도 변화가 생깁니다. 새엄마가 들어온 것입니다. 큰돌이는 새엄마를 팥쥐 엄마라 부르며 정을 붙이지 않지만, 팥쥐 엄마는 신경 쓰지 않습니다. 큰돌이는 결국 팥쥐 엄마를 엄마로 인정하고, 가족들은 영미를 데려오기로 합니다.

본문 맛보기

엄마가 집을 나간 뒤 아버지는 술에 취해 살아

(가)큰돌이네 엄마요? 어른들이 그러는데 도망을 갔대요. 시골에 사는 것이 싫어서 집을 나간 거라는 얘기도 있고, 큰돌이네 아버지가 날마다 술을 먹어서 나갔다는 얘기도 있어요. 또 어떤 사람은 엄마가 도망을 갔기 때문에 아버지가 술을 마시는 거래요. (11쪽)

▲큰돌이와 영미는 집을 나간 엄마를 그리워한다.

동생 영미가 마중을 나오지 않자 불안해져

(나)버스가 산모퉁이를 돌아 밤티 마을이 보이기 시작하자 큰돌이는 고개를 빼고 정류장 쪽을 살펴보았어요. 영미가 보이지 않았어요. 큰돌이는 가슴이 '쿵' 하고 내려앉는 것 같았어요. 영미가 마중을 나오지 않은 건 작년 겨울 독감에 걸렸을 때뿐이었어요. 큰돌이는 버스에서 내리자마자 집으로 냅다 뛰었어요. 어제 저녁, 아버지가 영미 새 옷을 사 온 것도 이상했고, 오늘 아침 아버지가 일을 나가지 않은 것도 이상했어요. 아버지는 늘 큰돌이보다 먼저 집을 나가거든요. '영미야, 가면 안 돼. 가면 안 돼.' 큰돌이는 발걸음을 뗄 때마다 마음속으로 외쳤어요. (51쪽)

▲버스 정류장에 영미 모습이 보이지 않자 큰돌이는 불안해졌다.

본문 맛보기

흩어져 사는 가족이 민들레 꽃씨 같다고 생각

(다)큰돌이는 꽃이 져 하얀 깃털을 달고 있는 민들레를 꺾었어요. 후 하고 불자 민들레 씨앗이 솜털 낙하산을 타고 두둥실 날아갔어요. 민들레 씨앗들은 어딘가 떨어진 그 자리에서 내년에 또 꽃을 피우겠지요. 큰돌이는 자기네 가족이 민들레 꽃씨 같다는 생각이 들었어요. 모두 뿔뿔이 헤어져 사는 모습이 영락없는 민들레 꽃씨였어요. (62쪽)

▲큰돌이는 민들레를 보며 자기 가족 같다는 생각을 한다.

팥쥐 엄마 손을 거치면 새것처럼 변해

(라)참 신기한 일이었어요. 팥쥐 엄마 손만 닿으면 아무리 낡고 허름한 것도 다시 쓸 만한 것으로 변하는 게 말이에요. 얼굴엔 곰보 자국이 숭숭 나고 손은 커다래 멋이라곤 조금도 없는 팥쥐 엄마의 어느 구석에 그런 재주가 숨어 있는지 알다가도 모를 일입니다. (134쪽)

▲마치 요술이라도 부린 것처럼 큰돌이네 집에 변화가 생긴다.

본문 맛보기

무섭게 대하지 않는데도 새엄마에게 늘 지고 말아

(마)팥쥐 엄마는 큰돌이가 버둥거리거나 말거나 머리를 감겼어요. 팥쥐 엄마는 참 이상해요. 큰돌이가 엄마라고 부르지 않아도 서운해 하거나 야단을 치지 않았어요. 목소리가 부드럽거나 곰살맞게 구는 것도 아닌데, 큰돌이는 번번이 팥쥐 엄마한테 지고 말지요. 무섭게 굴거나 때리는 건 더더욱 아닌데 말이에요. (106쪽)

▲큰돌이는 서서히 팥쥐 엄마에게 마음을 연다.

그리운 영미를 다시 집으로 데려오기로 결정

(바)"만약에 영미가 돌아오면, 영미네 새엄마보다 더 잘해 줄 거죠?" 데리러 온다는 엄마 생각은 나중에 하기로 했어요. 어쩌면 오지 않을지도 몰라요. 오더라도 엄마를 따라 낯선 곳에 가서 살고 싶은 생각은 없습니다. "영미는 엄마 얼굴 기억 못하니까 진짜 엄마인 줄 알 거예요. 그러니까 새엄마라구 하면 안 돼요. 알았죠?" 팥쥐 엄마는 아무런 대답 없이 큰돌이의 얼굴을 가만가만히 닦았습니다. 하지만 큰돌이는 팥쥐 엄마가 마음속으로 하는 대답을 들을 수 있었어요. 팥쥐 엄마 얼굴에 물살처럼 번지는 기쁨을 볼 수 있었어요. (134쪽)

▲팥쥐 엄마는 큰돌이가 영미를 그리워하자 영미를 데려오기로 한다.

생각이 쑥

1 큰돌이가 자기 가족이 민들레 꽃씨 같다고 생각한 까닭은 무엇인가요?

2 가족이란 무엇인지 자신의 생각을 정리해요.

가족은 _____ 다.

그 이유는 _____

_____

_____

_____

_____ 때문이다.

머리에 쏘옥

가족의 모습은 달라져도 역할은 같아요

▲가정이 화목해야 모든 일이 잘 이루어진다.

'가화만사성'이란 말이 있어요. '집이 화목해야 모든 일이 잘 된다.'는 뜻으로, 모든 일이 가족에서 시작됨을 말해요. 따라서 가족은 사회 생활의 출발점이죠.

가족이란 생활이나 주거를 함께하는 공동체입니다. 가족이 탄생한 것은 먼 옛날 농경 사회에서 찾을 수 있어요. 농사를 짓기 위해 한곳에 오래 머물며 '가족'이라는 생활 공동체가 만들어졌지요.

그 뒤 가족은 현대까지 오면서 형태가 크게 달라졌어요. 가족은 몸과 마음이 건강하게 성장하는 데에 중요한 역할을 합니다. 힘들거나 아플 때는 위로해 주고, 기쁠 때는 누구보다도 먼저 축하해 주지요. 밖에서 활동하다 들어오면 휴식을 통해 재충전할 수도 있지요. 삶의 지혜와 예절을 배우는 곳이기도 합니다.

생각이 쑤욱

3 큰돌이네 가족은 흔히 볼 수 있는 가족 형태가 아닙니다. 요즘 볼 수 있는 가족 형태를 제시하고, 각각의 특징을 정리해요.

가족의 형태	특징
대가족	

4 아래에 제시된 상황 다음에 이어질 내용을 1분 동안 말해 보세요.

> 선생님께서 내일 가족 사진을 가져오라고 하셨다. 국어 수업 시간에 '우리 가족'에 관해 발표를 시키겠다는 것이다. 아빠와 둘이 사는 석희는 당황스러웠다. 아빠와 찍은 사진밖에 없었기 때문이다.

▲석희는 아빠와 둘이 살기 때문에 아빠와 찍은 사진밖에 없다.

머리에 쏘옥

가족의 형태가 달라졌어요

▲가족의 형태가 갈수록 다양해지고 있다.

결혼한 부부가 아이를 낳아 부모와 자식 관계를 만들었던 전통적 가족 형태와 달리 지금의 가족 형태는 결혼이나 혈연 관계만으로 이뤄지지는 않아요.

우리나라는 1960년대까지만 해도 할아버지와 할머니와 함께 사는 3대 가족이 흔했고, 결혼한 여러 형제가 같은 집에 사는 일도 많았어요. 그러다 산업이 발달하며 사람들이 농사를 포기하고 일자리를 찾기 위해 공장이 있는 도시로 이동하자 대가족 제도가 사라지고 핵가족 시대가 열렸어요.

1980년대 후반 들어서는 핵가족제도도 무너지기 시작했어요. 이혼이 늘고 결혼할 나이가 되었는데도 혼자 사는 사람들이 크게 늘면서 독신 가족이 많아진 것이죠. 한부모가족이나 조부모와 손자, 손녀로 구성되는 조손 가족도 늘었어요. 혈연 관계가 아닌 사람들이 모여 가족처럼 사는 공동체 가족도 생겼고, 자녀 교육을 위해 헤어져 사는 '기러기 가족'도 흔해졌답니다.

생각이 쑤욱

5 큰돌이네 집에 들어온 팥쥐 엄마와 달리 아동을 학대하는 부모도 많아요. 아래 기사를 참고해 아동을 학대하는 부모들에게 팥쥐 엄마가 큰돌이네를 변화시킨 사례를 들어 충고해 주세요.

아동 학대 사례가 해마다 늘어나는데, 70퍼센트(100 가운데 70)는 부모가 가해자인 것으로 드러났다. 정부의 '전국 아동 학대 현황 보고서'에 따르면 연도별 아동 학대 사례는 2001년에 2105건에서 2017년에는 2만 2367건을 기록해 약 10배로 증가했다. 아동 학대로 숨진 어린이도 2001년에는 3명 정도였으나 2017년에는 38명으로 뛰었다. 가해자의 경우 70퍼센트가 부모(친부모, 계부모, 양부모 포함)인 것으로 나타났다.

▲아동 학대의 70퍼센트는 부모에 의해 이뤄지는 것으로 나타났다.

머리에 쏘옥

계모에 대한 잘못된 생각

우리 사회에는 계모에 대한 편견이 널리 퍼져 있어요. '신데렐라'나 '콩쥐팥쥐' 등 동화에서도 계모라고 하면 아이들을 학대하는 모습을 떠올리죠. 따라서 계모는 원래 그렇다는 편견을 아이들에게 심어 주고 있지요.

그러다 보니 아이들도 계모를 만날 때 미리 겁을 먹거나 큰일난다는 등 걱정하는 경우가 많아요.

전문가들은 아이들이 계모에 대해 그릇된 생각을 가지고 대하다 보니 오히려 문제가 심각해진다고 말해요. 계모들도 부담감을 갖고 아이들을 제대로 보살피지 못하는 경우가 많다고 합니다.

▲동화 '백설공주'에 나오는 왕비는 나쁜 새엄마의 대표적인 인물이다.

생각이 쑤욱

6 우리 가족이 화목하게 생활하기 위한 다섯 가지 실천 규칙을 정하고, 그렇게 정한 까닭도 말해 보세요.

화목한 가정 생활을 위한 다섯 가지 실천 규칙	
규칙	정한 까닭

머리에 쏘옥

사라지는 가족의 의미

예전에는 가족을 '식구'라고 불렀어요. 식구란 '함께 밥을 먹는 사람'이란 뜻이에요. 가족이란 같은 집에서 함께 밥을 먹고 정을 나누며, 기쁨과 슬픔도 함께한다는 의미가 담겨 있지요.

하지만 요즘에는 가족의 모습과 역할이 많이 변했어요. 아버지는 돈을 버는 사람, 어머니는 자녀들의 학습을 관리하고 돕는 사람 등 각자 필요한 일에만 열심일 뿐 참다운 가족의 의미가 많이 사라졌지요.

▲요즘에는 가족 사이의 끈끈함이나 화목함이 전보다 덜해지고 있다.

생각이 쑥쑥

7 우리 가족 사이에 일어나는 문제점을 돌아보고, 이 책과 아래 제시한 글을 참고해서 가족 사랑을 실천할 수 있는 방법을 아이디어를 제시하세요(300~400자).

고슴도치(사진) 한 마리에는 가시가 5000개쯤이나 된다고 한다. 이렇게 많은 가시가 있는데도 고슴도치 가족은 어떻게 서로 사랑할 수 있을까? 몸을 보호해야 할 경우에만 가시를 세우기 때문이다. 그리고 고슴도치들끼리는 가시와 가시 사이를 잘 피해서 서로 찔리지 않게 조심한다.

<신문 기사 참조>

09 국내 문학 | 지배층의 무능 비판하고 새 세상을 꿈꾸다

『허생전』

박지원 지음, 웅진주니어 펴냄, 120쪽

줄거리

허생은 남산 아래 묵적골에 사는 가난한 선비입니다. 일은 하지 않고 책만 읽어서 늘 가난했지요. 참다못한 아내가 잔소리를 하자 집을 나와 변 부자에게 만 냥을 빌립니다. 그 돈으로 과일과 말총을 모두 사들인 뒤 되팔아서 큰돈을 벌지요. 그리고 도둑들을 설득해 빈 섬으로 데리고 들어가 농사를 짓고 무역을 하면서 가난한 사람을 구제합니다. 변 부자에게 진 빚도 갚습니다. 변 부자는 허생의 능력을 알고, 이완 대장에게 그를 소개합니다. 허생은 이완 대장에게 나라를 잘 다스릴 여러 방법을 제시하지만, 모두 불가능하다며 거부합니다. 허생은 화가 나서 어디론지 사라집니다.

본문 맛보기

아내의 잔소리가 듣기 싫어 과거 공부 포기

▲허생은 아내의 잔소리에 과거 공부를 포기하고 집을 나갔다.

(가)묵적골이라는 마을에 허생이라는 선비가 살았어. 허생은 책을 무척 좋아해서 일은 하지 않고 밤낮없이 책만 읽었지. 그러다 보니 살림은 점점 어려워졌어. 허생의 아내도 더 이상 참을 수 없었어. "당신은 과거 볼 생각도 없다면서 글은 왜 읽는 거요?" 허생이 대답했어. "읽어도 공부가 부족하니 어쩌겠소?" "우리 식구 모두 굶어 죽고 말 거요. 공부는 그만두고 살 궁리라도 합시다." 허생은 일은 배우지 못해 못하고, 장사도 밑천이 없어서 못한다고 말했어. "그럼 도적질이라도 해서 식구들 먹여 살릴 궁리를 해야 하잖소?" (27~31쪽)

서울에서 가장 부자인 변 부자에게 만 냥 빌려

▲변 부자는 허생의 이름도 묻지 않고 만 냥을 빌려주었다.

(나)집을 나온 허생은 사람들에게 물어 서울에서 가장 부자인 변 부자의 집을 찾아갔어. 허생은 변 부자의 눈을 피하지 않고 당당하게 말했지. "내가 뭘 좀 해 보고 싶어서 그러니 만 냥만 빌려주시오." "그럽시다." 사람들은 변 부자의 대답에 기절할 것처럼 놀랐지. "저 사람은 만 냥을 빌려줘도 되는 사람이라서 그렇게 한 거라네. 그 사람은 옷차림이 변변찮기는 해도 내 눈을 똑바로 쳐다보며 당당하게 자기 할 말을 다 하지 않았나? 돈에 휘둘리는 사람이 아니라는 증거지. 그래서 빌려준 걸세." (33~38쪽)

 본문 맛보기

전국의 과일 모두 사서 비싼 값에 되팔아

(다)허생은 바로 안성으로 갔어. 거기서 모든 과일을 다 사들이기 시작했지. 특히 대추, 밤, 사과처럼 제사상에 올려야 하는 과일은 부르는 대로 값을 다 주었어. 오래지 않아 아무도 예상치 못한 일이 벌어졌어. 나라 안 어디서도 사고 팔 과일이 없어서 난리가 난 거야. 양반들은 설이 다가오는데 차례상에 올릴 과일이 없으니 발

▲양반들은 차례상에 올릴 과일이 없어서 비싼 값에 과일을 사야 했다.

만 동동 굴렀어. 사람들은 허생을 찾아와 과일을 되팔라고 매달렸어. "값은 달라는 대로 다 드리겠으니 제발 과일 좀 파시오." 그제야 허생은 창고에 쟁여 둔 과일을 팔기 시작했어. 허생이 과일을 다 팔고 나니 만 냥이었던 돈은 어느새 십만 냥으로 불어났어. (41, 53~56쪽)

제주도에서는 말총 장사를 해 큰돈 벌어

(라)허생은 제주도에 가서 모든 말총을 다 사들였어. 말총은 말의 털인데 그것으로 머리에 두르는 망건을 만들지. 양반들이 갓을 쓰려면 망건을 꼭 둘러야 하거든. 얼마 지나지 않아서 망건 값이 오르기 시작했어. 망건 값이 오르니 말총 값도 당연히 올랐을 테고. 허생은 그렇게 해서 돈을 많이 벌게 되었어. 하지만 허생의 마음을 착잡하기만 했어. 돈을 벌려고 했을 때는 제사상이

▲양반이 갓을 쓰려면 말총으로 만드는 망건을 꼭 둘러야 한다.

나 망건처럼 주로 양반한테 쓸모 있는 물건을 겨냥해 장사를 하기로 한 건데, 그럴수록 백성만 더 고생한다는 사실을 알았거든. (59~60쪽)

> 본문 맛보기

들끓던 도둑 떼 이끌고 새로운 삶 열어 줘

▲허생은 변산에서 들끓던 도둑 떼를 모두 빈 섬으로 데려가 새로운 삶을 살게 해 주었다.

(마)전라북도 변산 땅에는 도둑들이 수천 명이나 들끓고 있었지. 나라에서 군사를 풀어 도둑 떼를 몰아내려고 했으나 수가 많아 힘들었어. 허생은 도둑의 소굴로 찾아가 도둑들에게 돈을 줄 테니, 아내와 소를 구해 오라고 했지. 허생은 사람들과 농사지을 소까지 모두 배에 태워 빈 섬으로 데려갔어. "지금부터 너희는 새로운 땅에 가서 새사람이 되어야 한다. 거기에 가면 모두 똑같은 백성으로 살 수 있다. 너희가 일만 부지런히 하면 새로운 땅은 다 너희 것이다." 허생이 도둑 떼를 이끌고 빈 섬으로 떠나자 온 나라가 조용해졌어. 허생은 섬에서 나올 때 오십만 냥을 바다에 던지고 나왔지. (72~74쪽)

나라 다스리는 방법 받아들이지 않자 자취 감춰

▲허생은 이완 대장에게 나라를 다스리는 방법을 말했지만 불가능하다고 하자 자취를 감췄다.

(바)허생은 서울로 가서 변 부자에게 십만 냥을 주었지만, 변 부자는 받을 수 없다고 말했지. "돈 때문에 마음 쓰고 싶지 않아서 그렇소." 허생이 이렇게까지 말하는데 변 부자도 어쩔 수 없었지. 변씨는 허생의 능력을 보고 나랏일을 해야 할 사람이라고 생각했어. 그래서 이완 대장에게 허생을 추천했지. 허생은 이완 대장에게 나라를 다스릴 여러 가지 방법을 제시했지만, 이완 대장은 모두 불가능하다고 말했어. 화가 난 허생은 이완 대장을 내쫓았지. 나중에 이완 대장과 변 부자가 다시 허생을 찾아갔지만, 이미 아무도 모르는 곳으로 떠난 뒤였어. (81~92쪽)

생각이 쑥쑥

1 변 부자가 처음 본 허생에게 이름도 묻지 않고 큰돈을 빌려 준 까닭은 무엇일까요?

▲변 부자는 허생의 당당한 모습을 보고 만 냥이라는 큰돈을 빌려주었다.

2 허생은 변 부자에게 빌린 만 냥으로 나라에 있는 과일과 말총을 모두 사들인 뒤 되팔아 큰돈을 법니다. 오늘날과 비교해 나라의 경제와 법, 관습에 각각 어떤 허점이 있었기 때문에 이런 일이 가능했을까요?

	허생이 이용한 허점
경제	
법	
관습	

머리에 쏘옥

양반들은 왜 값비싼 과일과 갓을 사야 했을까

조선 시대의 양반은 지배층이었어요. 그래서 체면을 지키는 일을 매우 중요하게 여겼지요.

체면을 살리려면 반드시 제사를 지내야 했어요. 그리고 손님에게 번듯하게 상을 차려 음식을 대접해야 했지요. 이때 과일이 꼭 필요했어요.

양반은 또 옷차림을 제대로 갖춰야 했는데, 머리에 말총으로 만든 망건을 두르고 그 위에 갓을 썼지요.

그래서 과일과 말총은 양반들의 필수품이었고, 체면을 차리려면 값이 비싸도 살 수밖에 없었답니다.

▲양반은 체면을 지키는 일을 무척 중요하게 생각했다.

생각이 쏙

3 허생처럼 공급량이 한정된 물건을 모두 사들여 계속 돈을 번다면 사회에 어떤 문제가 생길지 아는 대로 말해 보세요.

4 허생은 원래 양반을 골탕 먹이려고 과일과 말총을 매점매석 했는데, 결국 가난한 백성들에게 더 큰 피해를 주는 결과가 나타났어요. 여기서 지배층이 국민을 위해 정책을 펼 때 참고해야 할 점을 예를 들어 말해 보세요.

☞ 가난한 학생에게만 무료로 급식을 하면, 다른 학생들에게 놀림을 받을 수 있다.

머리에 쏙

물건을 독점할수록 빈부 격차 커져

허생은 공급량이 한정된 과일과 말총을 매점매석해 큰돈을 벌었습니다. 매점매석이란 특정한 물건의 값이 오르거나 내릴 것을 예상해 그 물건을 대량으로 사들였다가 물건이 부족해 값이 오르면 되팔아서 큰 차익을 챙기는 행위입니다. 이처럼 물건을 매점매석하면 경쟁할 상대가 없기 때문에 값을 마음대로 정할 수 있지요.

허생에게 과거보다 10배나 비싸게 물건을 사 가면, 다른 사람에게 물건을 팔 때는 그보다 더 비싸게 받아야겠지요. 의약품의 경우 돈이 없어 사지 못하면 목숨을 잃을 수도 있습니다.

이렇게 되면 물건을 매점매석한 사람만 많은 이익을 챙기고, 사는 사람은 값이 비싸 손해를 보게 되지요. 결국 그 피해는 백성들에게 돌아가고, 갈수록 사회 전체의 빈부 격차도 더 커진답니다.

▲한 사람이 물건을 독점하면 값을 올리기 때문에 가난한 백성은 더욱 큰 고통을 당하게 된다.

생각이 쏘옥

5 허생은 섬에서 나올 때 오십만 냥이나 되는 큰돈을 바다에 버렸는데, 왜 그랬을지 추측해 보세요. 그리고 경제적으로 볼 때 허생의 잘못을 지적하고, 나라면 그 돈을 어떻게 쓸지 말해 보세요.

돈을 버린 까닭	
허생의 잘못	
오십만 냥을 어떻게 쓸까	

머리에 쏘옥

허생이 돈을 버린 까닭과 그 영향

허생은 섬에서 나올 때 오십만 냥이나 되는 큰돈을 바다에 버렸습니다. 십만 냥을 가지고 전국의 과일 값을 올릴 정도였으니 무척 큰돈이라고 할 수 있습니다.

허생이 돈을 바다에 버린 까닭은 여러 가지로 생각해 볼 수 있습니다. 먼저 자신이 더 이상 돈을 추구하지 않는다는 결심을 보인 행동일 수 있지요. 돈을 가지고 나가면 게을러질 수 있다는 염려도 했을 것입니다. 도둑이 들끓던 때였으니 중간에 도둑을 맞아 나쁘게 쓰일 수도 있었을 것입니다.

하지만 허생이 돈을 버린 행동은 경제적으로 보면 잘못된 것입니다. 큰돈이 사라지면 돈이 많은 부자만 더 부자가 되고, 가난한 백성의 생활만 더 어려워집니다. 그 돈을 다시 찍으려면 자원이 낭비되고, 찍을 때 인건비도 들어가지요.

생각이 쑤욱

6 허생이 도둑 떼를 이끌고 빈 섬으로 들어가 새로운 삶을 열어 주는 이야기에서, 당시 나라를 다스리던 지배층이 본받아야 할 점을 제시하세요.

▲허생은 도둑 떼에게 새로운 삶을 열어 주었다.

머리에 쏘옥

허생전에 담겨 있는 지배층 비판 정신

허생은 처음에 과거 시험을 보기 위해 일은 전혀 하지 않고 공부만 하는 선비로 그려져 있습니다. 당시 지배층이던 양반의 모습이 거의 허생과 닮았지요. 따라서 지은이는 허생전을 써서 백성의 생활에 아무런 도움이 되지 못하는 지배층을 비판했다고 볼 수 있습니다.

변산에 들끓던 도둑 이야기도 그만큼 백성의 생활이 어려워 도둑이 될 수밖에 없었던 상황을 보여 주지요. 허생은 도둑 떼를 이끌고 빈 섬으로 들어가 새로운 삶을 살 수 있도록 도움을 줍니다.

이를 통해 지배층이 자기 체면과 돈만 생각할 것이 아니라, 백성과 함께 더불어 잘살 수 있도록 나라를 다스려야 한다고 제시한 것이죠.

7 오늘날에도 물건을 대량으로 사들인 뒤 비싸게 되팔아 자기 이익만 챙기려는 사람이 적지 않습니다. 공동체에서 이러한 사람이 많을수록 생길 수 있는 문제점을 들어, 그러한 행위를 하지 않도록 설득해 보세요(300~400자).

> 지난 10일은 설 연휴 고속철도 열차표 예매일이다. 오전 6시 시작된 예매를 하려고 컴퓨터 앞에 앉아 1시간을 기다렸지만 열차표를 구하지 못했다. 다음 날 찾은 한 중고 거래 사이트에는 전국 어디에나 갈 수 있는 열차표들이 많이 올라왔다. 정상가보다 1~2만 원, 많게는 배가 넘게 비쌌다. 이러한 상황이 벌어지는 까닭은 표를 대량으로 사서 비싸게 되팔아 이익을 챙기려는 사람들이 많기 때문이다.
>
> <신문 기사 참조>

▲열차표를 대량 구매해 비싸게 되팔려는 사람들이 많을수록 열차표를 구하기 어려워진다.

10 세계 문학
부모와 자녀 간의 갈등과 화해 그려

『마법의 설탕 두 조각』
미하엘 엔데 지음, 한길사 펴냄, 92쪽

 줄거리

　렝켄은 부모님이 늘 명령만 하며 자신의 뜻을 존중한 적이 없다고 생각합니다. 그래서 화가 나 요정을 찾아가 마법의 설탕 두 조각을 얻습니다. 그 설탕을 부모님에게 먹이면 렝켄의 말을 무시할 때마다 부모님의 키가 절반으로 줄어듭니다. 부모님은 마법의 설탕이 든 차를 마시고, 결국 성냥갑 속에 들어갈 만큼 작아집니다. 부모님은 더 작아질까 봐 이제 렝켄의 말에 반대하지 않습니다. 하지만 얼마 뒤 렝켄은 자신이 위험에 빠져도 보호해 줄 사람이 없다는 사실을 깨닫습니다. 그래서 부모님을 원래대로 돌려놓기 위해 다시 요정을 찾아갑니다.

자기 마음 몰라주는 부모님에게 화가 나

▲부모님은 렝켄의 건강을 위해 아이스크림을 한꺼번에 많이 먹지 못하게 하시지만, 렝켄은 서운하기만 하다.

(가)렝켄이 아이스크림이 먹고 싶어 돈을 달라고 하면 아빠는 언제나 이렇게 말했습니다. "안 돼, 벌써 두 개나 먹었잖아. 아이스크림을 한꺼번에 많이 먹으면 배 아파요." 엄마한테 조심스럽게 부탁해도 마찬가지였습니다. "엄마, 내 신발 좀 빨아 주세요!" "네가 해. 너도 이제 다 컸잖아." (5~6쪽)

부모님 키 줄게 하는 설탕 두 조각 얻어

▲렝켄이 요정에게 부탁해 부모님의 키를 작게 만들 수 있는 마법의 설탕을 얻고 있다.

(나)"엄마와 아빠를 어떻게 해야 좋을지 모르겠어요. 내 말을 도대체 들어주지 않거든요…." 렝켄이 힘없이 말했습니다. "나보다 키가 작으면, 둘이라도 문제가 이렇게 심각하지는 않을 텐데." 요정이 마침내 소리쳤습니다. "마법을 부리는 각설탕이야. 그것을 네 엄마, 아빠가 눈치채지 못하게 몰래 커피나 차 속에 넣으렴. 그 설탕을 먹은 다음부터는 부모님이 네 말을 들어주지 않을 때마다 원래의 키에서 절반으로 줄어들게 될 거야." (16~17쪽)

본문 맛보기

부모님 간섭 없이 마음대로 할 수 있게 되어

(다)렝켄이 명령하듯 말했습니다. "내 장난감 침대에서 주무세요." 아빠가 얼굴이 새빨개져서 소리쳤습니다. "너 정말! 그렇게는 못 하겠다. 난 어른이야!" 그 순간 "푸시식!" 하며 바람 빠지는 소리가 다시 났습니다. 이제 아빠는 23센티미터가 되었고, 엄마는 21센티미터가 되었습니다. 렝켄은 이제 모든 것을 자기 혼자 결정할 수 있게 되었습니다. 그래서 얼굴도 씻지 않고 이도 닦지 않은 채 그냥 침대로 가서 누웠습니다. (32~35쪽)

▲렝켄은 부모님의 키가 작아지자 자기가 하고 싶던 일들을 마음껏 한다.

보호해 줄 사람이 없게 되자 갑자기 두려워져

(라)렝켄은 그동안 열쇠를 갖고 나간 적이 한 번도 없었기 때문에 열쇠가 없었습니다. 현관문을 열어 줄 수 있는 사람이 아무도 없었습니다. 덜컥 두려운 생각이 들었습니다. 배도 많이 고팠지만 엄마가 음식을 만들어 놓지도 못했을 테고, 설령 만들어 놓았다고 하더라도 어차피 먹을 수도 없었습니다. 돈도 한 푼 없고 가게 문은 이미 오래 전에 닫혔습니다. 정말 모든 것이 완전히 비참했습니다. (58~59쪽)

▲렝켄은 현관문 열쇠를 가져 나오지 못했지만, 문을 열어 줄 사람이 없다는 생각에 두려워졌다.

본문 맛보기

부모님 키 원래대로 되돌리고 싶어져

▲요정은 렝켄에게 각설탕을 직접 먹으면 마법의 각설탕을 부모님 찻잔에 넣기 직전의 순간으로 돌아간다고 알려 준다.

(마)"물론 그 결정은 네가 이 자리에서 내려야 해. 너무 많은 시간이 지나고 나면 다시 원래 상태로 되돌아갈 수 없게 되어 계속 그렇게 지내야 되거든." "정확히 말하자면 네가 마법의 각설탕을 엄마, 아빠의 찻잔 속에 넣기 직전의 순간으로 말이야. 그렇게 하면 너희 엄마, 아빠도 그 사이에 아무 일도 일어나지 않았다고 생각할 수 있지." "네가 그 설탕을 직접 먹어야 해. 지금 당장. 그게 유일한 방법이란다." "그럼 내 키가 점점 더 작아지게 되는 건가요?" (69~73쪽)

렝켄 가족들 서로의 의견 존중하게 되어

▲렝켄의 가족은 이제 꼭 필요할 때만 서로의 의견에 반대하기로 한다.

(바)아빠가 다섯 바퀴째 돌다가 큰 소리로 외쳤습니다. "설탕은 근육이 움직일 때 제일 먼저 없어지는 성질이 있거든. 그러니까 벌써 오래전에 네 몸속에서 빠져 나갔을 거야." 아빠는 정말 현명했습니다. 그 후 그 사건은 렝켄 가족의 기억에서 완전히 잊혔습니다. 다만 그 일로 인해 한 가지 변화가 생겼습니다. 렝켄은 부모님의 말씀을, 부모님은 렝켄의 말을 무턱대고 반대하지 않고 꼭 필요할 때만 그렇게 했습니다. (82~86쪽)

생각이 쑤욱

1 렝켄은 왜 요정을 찾아갔나요?

2 불만이 쌓였다고 부모님을 자기보다 더 작아지게 하는 것이 올바른 해결 방법일까요? 나라면 부모님과의 갈등을 어떻게 해결할지 아이디어를 내 보세요.

머리에 쏘옥

미하엘 엔데

이 책을 지은 독일의 작가 미하엘 엔데(1929~95)는 독특한 방식으로 아이들 세계를 어른들에게 이해시킵니다.

이 책의 주인공 렝켄은 자신의 말을 들어주지 않고 명령만 하는 부모님에게 불만이 많습니다. 그래서 요정을 찾아가 부모님이 자기보다 작아지면 좋겠다고 말합니다.

지은이는 이 책을 통해 어른들의 잔소리와 일방적인 명령이 아이들에게 얼마나 큰 스트레스를 주는지 보여 주고, 해결책을 고민하게 합니다.

▲미하엘 엔데

생각이 쑤욱

3 렝켄은 부모님의 잔소리가 싫지만, 그 말에는 렝켄을 걱정하는 마음이 담겨 있답니다. 부모님이 렝켄을 설득하려면 어떻게 말을 고쳐야 할까요?

렝켄의 의견	부모님의 답변	이렇게 설득해요
"아이스크림이 먹고 싶어요. 돈 주세요!"	"안 돼, 벌써 두 개나 먹었잖아. 아이스크림을 한꺼번에 많이 먹으면 배 아파요."	"벌써 아이스크림을 두 개나 먹었구나. 많이 먹으면 탈이 날 수도 있는데 괜찮겠니?"
"엄마, 내 신발 좀 빨아 주세요!"	"안 돼, 네가 해. 너도 이제 다 컸잖아!"	

4 렝켄은 부모님의 키를 작게 했지만, 자신을 보호해 줄 사람이 없음을 알고 후회합니다. 어떤 일을 할 때 나중에 후회하지 않으려면, 어떻게 하면 좋을지 자신의 경험을 들어 설명하세요.

머리에 쏘옥

설득을 잘하려면

자신의 생각을 잘 설명해 상대의 행동이나 생각을 변화시키는 것을 설득이라고 합니다.

미국의 작가 데일 카네기(1888~1955)는 사람들 사이의 관계를 다룬 책을 많이 지었습니다.

그는 다른 사람을 설득하려면 먼저 상대의 말을 잘 듣고 이해하는 마음을 가져야 한다고 말했습니다. 그리고 상대가 결론을 내리도록 하는 것이 좋다고 합니다.

예를 들면 "아이스크림은 몸에 해로워!"라고 강요하기보다는 "벌써 아이스크림을 두 개나 먹었구나! 많이 먹으면 탈이 날 수도 있는데 어떡하면 좋겠니?"라고 말하는 것이 문제를 해결하는 데 도움이 된다는 것이지요.

▲데일 카네기

생각이 쑥쑥

5 부모님이 원래 모습을 되찾으려면 과거로 돌아가야 합니다. 그런데 렝켄이 자신의 잘못에 책임을 지고 마법의 설탕을 먹어야 하지요. 이렇듯 자신이 한 일에는 책임이 따릅니다. 아래에 나오는 식품회사 사장의 이야기를 참고해 책임감이 무엇이라고 생각하는지 정리하세요.

> 저는 다먹어 식품회사 사장입니다. 우리 회사 과자를 먹고 아이들이 배탈이 났어요. 그래서 사람들은 우리에게 책임을 지라고 합니다. 우리 회사는 맛있는 과자를 만들기 위해 최선을 다했어요. 그런데 왜 우리 회사가 책임을 져야 하나요?

어떻게 책임을 져야 할까요?	배탈이 난 사람들에게 치료비를 물어 주고 사과합니다. 예)
책임지지 않으면 어떤 일이 벌어질까요?	다른 회사에서도 불량 식품을 만들 수 있어요. 예)
책임지는 일은 왜 중요한가요?	똑같은 잘못이 일어나는 것을 막을 수 있습니다. 예)
답변 문장을 모두 이어 뜻이 통하도록 정리하세요.	

머리에 쏙쏙

책임감

책임감이란 맡아서 해야 할 일을 소중하게 생각하고 실천하는 마음가짐을 말합니다. 시작한 일은 끝까지 해 내려는 것이지요. 책임감은 자신이 맡은 일에 최선을 다하는 것입니다. 또 결과를 놓고 변명하지 않는 것입니다.

1994년 미국의 한 여성이 카페에서 뜨거운 커피를 마시다 화상을 당했습니다. 그 여성은 카페에 엄청난 배상금을 요구했습니다. 미국의 법원은 여성의 편을 들어주었습니다. '뜨거운 커피를 조심하라.'는 경고를 하지 않은 카페의 책임을 물은 것이지요.

그 뒤 일회용 커피 잔에는 '커피가 뜨거우니 조심하라.'는 경고문이 적혔습니다. 덕분에 커피를 마시다 화상을 입는 사람들도 줄었지요. 이처럼 책임 있는 행동은 더 큰 피해를 줄이고, 사회를 발전시킵니다.

▲ '커피가 뜨거우니 조심하라.'는 커피 잔의 경고문에는 손님의 안전을 생각하는 주인의 책임 의식이 담겨 있다.

생각이 쑤욱

6 렝켄의 가족들은 서로를 이해하는 방법을 배우고 비로소 행복을 찾습니다. 우리 가족을 더욱 행복하게 만들기 위한 가훈을 정하고, 그렇게 정한 까닭도 말해 보세요.

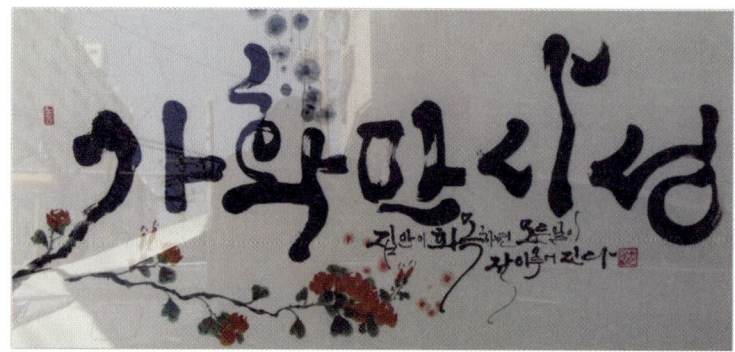

▲행복이네 가훈은 '가화만사성'이다. '집안이 화목하면 모든 일이 잘 이루어진다'는 뜻이다.

머리에 쏘옥

경주 최 부잣집의 가훈

가훈은 조상 또는 어른이 자손들에게 전하는 가르침을 말합니다. 가족들이 지켜야 할 집안의 규칙과도 같지요.

경주 최 부잣집의 가훈은 유명합니다. 후손들이 그 가훈을 잘 지킨 덕에 300년 동안이나 부자로 살았습니다.

최 부잣집 가훈은 모두 여덟 가지입니다.

과거를 보되 진사 이상 벼슬은 하지 마라(높은 벼슬은 하지 말라는 뜻), 재산을 만 석 이상 모으지 마라, 손님을 후하게 대접하라, 흉년에는 재산을 늘리지 마라, 시집 올 때 은비녀 이상의 패물은 가지고 오지 마라, 사방 백 리 안에 굶어 죽는 사람이 없게 하라, 들어올 돈에 맞춰 써라, 물건 값을 깎지 마라 등입니다.

이 가훈에는 지나친 욕심을 부리지 말고, 주변 사람들에게 베풀면서 살면 복이 온다는 교훈이 담겨 있습니다.

▲경주 최 부잣집 쌀 창고.

7 아래 신문 기사는 가족들끼리 하는 대화의 중요성을 알리고 있습니다. 우리 가족은 대화 시간이 하루에 얼마쯤 되는지 돌아보고, 가족들끼리 대화 시간을 늘리기 위한 아이디어를 내세요(300~400자).

대화가 끊긴 가족들이 갈수록 늘고 있다. 최근 초등학생 1955명에게 물었더니, 하루 평균 가족 대화 시간이 30분을 넘지 못하거나 전혀 하지 않는 학생이 절반을 넘었다. 스마트폰을 사용하고 TV를 시청하느라 가족 대화 시간이 더욱 줄어든 것이다. 가족 대화 시간을 늘리려면 먼저 다른 사람이 말할 때 딴짓을 하지 말고

▲TV를 너무 많이 시청하거나 스마트폰을 달고 살면 가족과 대화하는 시간이 줄고, 대화를 성의 없이 하게 된다.

귀를 기울이는 것이 중요하다. 부모는 아이의 말을 무시하지 말고, "숙제 했니?" "시험 공부해라!"처럼 명령하는 말을 삼가야 한다. 자녀는 부모의 질문에 성의 없는 답변을 피해야 한다. "엄마, 오늘 반찬이 맛있어요!"라든지, "아빠, 늦게까지 일 하시느라 힘드시죠!"처럼 칭찬이 담긴 말을 하면 부모도 기분이 좋아진다. 화목한 가정을 만들려면 서로 노력해야 하는 것이다.

<신문 기사 참조>

11 세계 문학 — 가진 자와 못 가진 자가 더불어 살아야

『멋진 여우 씨』
로알드 달 지음, 논장 펴냄, 128쪽

 줄거리

세 농부는 가진 것이 많아도 절대로 이웃과 나누지 않습니다. 심지어 먹을 것이 없어 음식을 조금씩 훔치는 여우 씨를 죽이려고 합니다. 농부들이 여우 씨를 잡으려고 땅을 파다 숲 절반이 사라졌습니다. 그런데도 계속 여우 씨를 잡으려고 합니다. 여우 씨는 농부들의 농장과 창고에서 먹을 것을 가져올 수 있는 땅굴을 팝니다. 그리고 어렵게 가져온 음식을 이웃과 나눠 먹습니다. 또 자신이 농부들의 식량 창고로 안전하게 가기 위해 판 땅굴도 알려 주고, 더불어 사는 방법을 택합니다.

본문 맛보기

농부들이 음식 훔치는 여우 씨 잡으려고 땅을 파

▲농부들은 여우 씨를 잡으려고 굴착기로 땅을 팠다.

(가)보기스와 번스, 빈 세 농부는 가진 것은 많지만 남에게 공짜로 주기를 싫어하고, 못된 행동만 했지요. 여우 씨는 농장 근처의 굴에서 사는데, 저녁만 되면 농장에 가서 잽싸게 먹이를 훔쳐 왔어요. 세 농부는 여우를 잡으려고 굴착기를 가져다 땅을 팠어요. 그리고 일꾼들까지 불러 함께 여우 굴을 지켰어요. 여우를 총으로 쏴서 죽이거나 굶겨 죽일 셈이었지요. 굴속에서는 여우 씨네 가족들이 웅크리고 앉아 머리 위에서 나는 끔찍한 소리를 듣고 있었어요. 굴착기와 여우들의 목숨을 건 경주가 시작됐어요. (9~39쪽)

보기스네 닭장서 암탉 잡아 잔치 준비 시켜

▲여우 씨가 보기스의 닭들을 보고 기뻐하고 있다.

(나)여우 씨의 눈에서 갑자기 빛이 났어요. 그러더니 여우 씨는 특이한 쪽으로 굴을 파기 시작했어요. 새끼 여우들도 함께 굴을 팠어요. 여우들이 판 굴의 끝에는 보기스네 1호 닭장이 있었고, 암탉들이 가득했어요. 여우 씨는 새끼 한 마리에게 암탉을 잡아 주며, 엄마한테 가져가 잔치를 준비하라고 했어요. 여우 씨는 더 굴을 파다가 오소리를 만났어요. 오소리는 농부들이 여우 씨를 잡으려고 땅을 파서 숲 절반이 사라졌고, 언덕 기슭에는 총을 든 사람들이 온통 에워쌌다고 했어요. (55, 64~77쪽)

다른 동물들에게 자기 음식 함께 먹자고 해

(다)오소리는 두더지와 토끼, 족제비도 갈 곳이 없어 굴에 숨어 있다고 했어요. 여우 씨는 자기 탓이라며, 오늘 구한 음식을 모두 함께 먹자고 했어요. 여우 씨와 오소리는 새 굴을 팠는데, 곧 번스의 거대한 창고에 도달했어요. 거기에는 맛 좋고 통통한 오리와 거위들이 금방 구울 수 있도록 털까지 뽑힌 채 산더미처럼 쌓여 있었어요. 적어도 백 개는 될 것 같은 훈제 햄과, 오십 개나 되는 옆구리 살 베이컨도 있었어요. 여우 씨는 가장 맛있는 것 몇 개만 티가 안 나게 가져 왔어요. (72~83쪽)

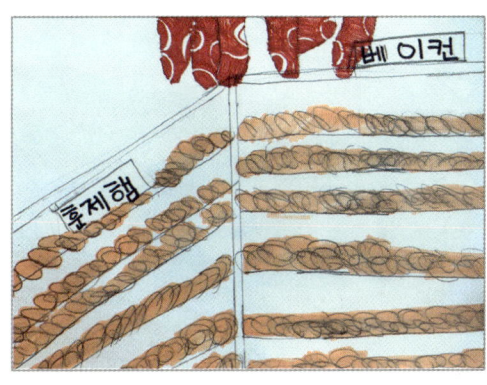
▲번스의 창고에는 훈제 햄과 베이컨이 가득했다.

자식이 굶는데 음식 훔치지 않을 부모 없어

(라)새끼 여우는 토끼에게 준다며 당근을 챙겼어요. 여우 씨는 새끼 여우를 칭찬했어요. 여우 씨는 수레에 음식을 실은 뒤, 새끼 여우 두 마리에게 집으로 먼저 돌아가라고 했어요. 그러더니 여우 씨는 빈의 농장으로 향하는 굴을 팠어요. 오소리는 여우 씨에게 남의 것을 훔치면 걱정이 안 되느냐고 물었어요. 그러자 여우 씨는 자식이 굶어 죽는데, 닭 몇 마리 슬쩍하지 않을 부모가 세상에 어디 있겠느냐고 말했어요. 그리고 자신을 죽이려는 사람들처럼 비열해지진 않을 거라고 말했어요. (86~91쪽)

▲오소리는 여우 씨에게 남의 것을 훔치면 걱정이 안 되냐고 물었다.

본문 맛보기

시궁쥐는 지하 창고 사과주가 자기 것이라고 우겨

▲시궁쥐는 사과주가 자기 것이라며 여우 씨에게 얼른 나가라고 말했다.

(마)여우 씨는 오소리와 함께 굴을 팠어요. 그리고 마침내 빈의 지하실에 도착했어요. 여우 씨가 벽돌 몇 개를 빼내니 아주 크고 축축하고 어두컴컴한 지하 창고가 나왔어요. 거기에는 수백 개의 사과주가 보관되어 있었어요. 사과주의 맛은 근사했어요. 오소리와 여우 씨, 새끼 여우는 사과주를 한 모금씩 마셨어요. 그런데 시궁쥐가 그 술이 자기 것이라며 얼른 나가라고 소리쳤어요. 그 순간 빈 부인이, 일하는 아주머니에게 사과주 좀 가져다 달라고 말했어요. 동물들은 그대로 얼어붙고 말았어요. (93~102쪽)

가져온 음식을 이웃들과 함께 나눠 먹어

▲여우 씨는 가져온 음식과 사과주로 이웃들을 위해 잔치를 벌였다.

(바)아주머니가 지하 창고로 내려왔어요. 여우 씨랑 오소리, 새끼 여우는 들킬까 봐 조마조마했어요. 아주머니는 다행히 사과주 두 병을 양손에 하나씩 들고 창고에서 나갔어요. 여우 씨는 집에 돌아와 이웃들에게 잔치를 베풀었어요. 그리고 훌륭한 식량 창고 세 군데로 안전하게 갈 수 있는 굴이 있다는 사실도 알려 주었죠. 그 말에 동물들은 기뻐했습니다. 비가 내리기 시작했어요. 세 농부는 여전히 굴 앞에 앉아 여우가 나오기만을 기다렸어요. 언제든 총을 쏠 준비를 하고서요. (103~123쪽)

생각이 쑤욱

1 (가)에서 세 농부처럼 법을 어긴 것은 아니지만, 부자들이 베풀지 않고 자기 이익만 챙기려 들면 사회가 어떻게 될지 말해 보세요.

▲부자가 베풀지 않으면 가난한 사람은 대를 이어 가난하게 살게 된다.

2 (나)에서 세 농부는 음식을 훔친 뒤 땅굴로 숨은 여우 씨를 잡으려고 자기네 땅을 마구 파서 숲의 절반이 사라졌습니다. '아무리 좋은 목적도 수단이 나쁘면 정당화될 수 없다'는 입장에서, 세 농부가 잘못한 점을 비판해 보세요.

▲세 농부는 절도범인 여우 씨를 잡는다는 목적을 달성하기 위해 땅을 마구 파헤쳤다. 그 바람에 숲이 망가져 다른 동물들의 집이 사라졌다.

머리에 쏘옥

부자와 힘센 사람들의 책임

공동체에는 부자와 가난한 사람, 똑똑한 사람과 그렇지 않은 사람 등 다양한 사람이 법을 지키며 함께 삽니다.

모두 함께 사는 세상에서 부자와 힘센 사람은 다른 사람들에게 도덕적인 책임과 의무가 있습니다. 그들도 과거에 누군가의 도움을 받으며 살았기 때문입니다. 자기 능력으로 좋은 물건을 만들었다 해도 누군가 물건을 사지 않는다면 돈을 벌 수 없습니다.

따라서 부자와 힘센 사람들은 가난하거나 위험에 빠진 이웃을 도와야 합니다. 어려울 때 도움을 받은 사람은 형편이 나아지면 다른 사람을 돕게 됩니다.

이렇게 되면 내가 어려울 때 누군가에게 도움을 받을 수 있다는 믿음이 생기지요. 그래서 다른 사람을 돕는 분위기가 사회 전체에 퍼져 구성원 모두 행복해질 수 있습니다.

생각이 쑤욱

3 (다)에서 여우 씨를 보면, 나눔은 부자만 할 수 있는 게 아님을 알 수 있습니다. 어린이가 나눔을 실천할 수 있는 아이디어를 내 보세요.

▲초등학생이 용돈을 조금씩 모아 어려운 이웃을 위해 기부하고 있다.

4 (라)의 여우 씨처럼 가난한 사람이 나라에서 받을 수 있는 도움을 아는 대로 말해 보세요.

▲정부는 가난한 사람들의 생활에 필요한 최저 생계비를 지원한다.

머리에 쏘옥

가난한 사람이 나라에서 받는 도움

우리나라는 정부에서 가난하거나 갑자기 재난을 당한 사람들에게 생활에 필요한 최소한의 비용을 지원합니다. 전세나 월세 등 집을 빌려 쓰는 데 드는 돈과 생활비, 교육비, 의료비가 포함됩니다. 소득과 재산의 정도, 부양하는 가족 수에 따라 지원 비용이 다릅니다. 그리고 재난을 당한 사람들에게는 피해 정도를 따져서 지원합니다.

정부의 지원을 받으면 안정적으로 생활할 수 있습니다. 그리고 가난이나 위기에서 벗어나 더 나은 미래를 준비할 수 있지요.

자신이 어떤 도움을 받을 수 있는지 몰라 신청하지 못하는 사람도 있으니, 정부에서 그런 사람들을 찾아서 도움을 줄 필요도 있습니다.

생각이 쑥쑥

5 (마)에 나오는 시궁쥐가 (바)에 나오는 여우 씨에게 교훈을 얻어 이웃 동물들이 더 행복해지도록 (바)의 밑줄 친 부분에 이어 쓰기를 해 보세요.

<u>그 말에 동물들은 기뻐했습니다.</u> 시궁쥐는 여우 씨의 행동을 보고 부끄러워서 얼굴이 벌겋게 달아올랐어요.

▲시궁쥐는 자기만 아는 이기적인 성격이어서 다른 동물에게 베풀 줄을 몰랐다.

머리에 쏘옥

뒷이야기를 짓는 방법

뒷이야기를 지으려면 먼저 책의 내용을 정확하게 파악해야 합니다. 그 다음 주어진 조건에 따라 끝을 어떻게 맺을지 구체적으로 정해야 합니다.

시궁쥐는 이기적인 성격이어서 사과주를 혼자만 먹으려고 했습니다. 이처럼 공동체 생활을 하면 따돌림을 당하고, 자신이 위기에 놓였을 때 도움을 받기 어렵습니다. 이에 비해 여우 씨는 자식들이 굶는 상황에서도 자신이 가져온 음식을 이웃과 나눠 먹습니다.

밖에는 세 농부가 동물들을 위협하는 상황에서 모두 힘을 합치지 않으면 위기를 벗어나기 어렵지요.

따라서 시궁쥐는 여우 씨의 모습에서 자신의 잘못을 깨닫고, 다른 동물과 나누는 방법을 배워야겠지요. 창고에 있는 사과주를 가져다 잔치를 벌일 때 내놓으면 다른 동물들이 그걸 마시고 행복해질 것입니다. 몸집이 작으니 땅굴로 몰래 나가 농부들이 어떻게 하고 있는지 엿볼 수도 있습니다.

생각이 쑤욱

6 (라)에서 여우 씨는 자식이 굶어 죽을 위기에 몰리자 남의 것을 훔쳤습니다. 여우 씨가 유죄인지 무죄인지 판결하고, 판결 이유도 넣어 판결문을 작성해 보세요.

판결문

여우 씨는 세 농부의 음식을 허락 없이 훔쳤다. 따라서(하지만) (유·무)죄를 선고한다.

(유죄일 경우 판결 이유와 처벌 내용 / 무죄일 경우 판결 이유와 지원 내용)

머리에 쏘옥

생계형 절도범을 어떻게 판결할까

생계형 절도란 여우 씨처럼 경제 사정이 좋지 않아 자식이 굶어 죽을 상황에서, 어쩔 수 없이 남의 물건을 훔치는 것이죠. 생계형 범죄자는 다시 죄를 저지를 가능성이 큽니다. 벌이가 충분하지 못하기 때문이지요. 이런 경우 대개 자신이 번 수입으로 생활할 수 있으면 범죄를 저지르지 않게 됩니다. 따라서 여우 씨처럼 생계형 범죄를 저지른 사람에게 벌을 주는 것이 좋은 해결 방법은 아닙니다.

일자리가 없으면 일자리를 소개하거나 직업 교육을 시켜 좋은 일자리를 얻도록 도움을 주면 됩니다. 아이가 있어서 일하지 못하는 가정에는 아이 돌보미 서비스를 이용할 수 있도록 지원합니다.

하지만 가난하다고 남의 것을 훔쳐서는 안 됩니다. 아무리 사정이 나빠도 남의 것을 훔치는 것은 범죄이기 때문입니다.

사정을 핑계 대고 남의 것을 훔치는 사람이 늘어나면 사회가 혼란에 빠질 수 있습니다. 그리고 개인의 사정은 저마다 다릅니다. 일자리가 있는데도 게으르거나 일을 하기 싫어서 가난한 사람도 있습니다. 돈이 없다고 남의 것을 훔치도록 놔두면 법을 지키는 사람이 없을 것입니다. 따라서 법에 따라 벌을 주되, 벌을 받고 난 뒤 나라에서 도움을 주는 방법도 있습니다.

생각이 쑤욱

7 이 책과 아래 글을 참고해, 공동체가 발전하려면 서로 자기 이익만 챙기지 말고 여우 씨와 오소리처럼 약자들끼리는 서로 도우며, 부자들은 나눔을 실천해야 하는 까닭을 말해 보세요(300~400자).

> 박상영 선수는 2016년 브라질에서 열린 리우올림픽 펜싱(에페) 결승전에서 금메달을 땄다. 그는 한 사회 단체의 도움을 받아 자신의 꿈을 펼칠 수 있었다. 박상영 선수를 돕는 손길이 없었다면, 금메달을 따기는 어려웠을 것이다. 지금도 제2의 박상영 선수를 꿈꾸는 친구들이 도움의 손길을 기다리고 있다. 나의 작은 나눔이 모이면 누군가에게는 운명을 바꾸는 큰 일이 되기도 한다. 나눔을 실천하는 사람들은 '나눔이란 자신의 행복을 위해 하는 것.'이라고 말한다.
>
> <신문 기사 참조>

▲금메달을 딴 박상영 선수. 그는 사회 단체의 도움을 받아 자신의 꿈을 이룰 수 있었다.

12 세계 문학 — 정직한 노동의 가치가 소중함 보여 줘

『바보 이반』
레프 톨스토이 지음, 좋은꿈 펴냄, 112쪽

 줄거리

성실하고 우직하게 일만 하는 농부인 바보 이반이, 도깨비(악마)의 유혹을 이겨 내고 왕이 되기까지의 이야기입니다. 도깨비는 군대(권력)와 금화로 이반을 흔들지만 묵묵히 자기 일만 합니다. 이반의 큰형인 군인 세몬과 작은형인 상인 타라스는 도깨비가 내미는 군대와 돈의 유혹에 넘어가 망하고 맙니다. 러시아의 작가 톨스토이(1828~1910)는 이 동화를 써서 일도 하지 않으면서 이반 같은 농민이 일군 것을 빼앗아 욕심을 채우는 귀족을 비판합니다. 그리고 자기 몫만 챙기는 약삭빠른 사람보다는 바보처럼 우직하게 일하면서 사는 사람들이 훨씬 더 행복해질 수 있음을 보여 줍니다.

본문 맛보기

도깨비가 이반 형제들 사이 이간질하려고 해

▲이반은 재산을 형들에게 나눠 주라고 아버지에게 말했다.

(가)부자 농부는 4남매를 뒀는데, 큰아들 세몬은 군인, 작은아들 타라스는 상인, 셋째 이반은 농부, 여동생 말라냐는 벙어리였습니다. 세몬은 전쟁에서 공을 세우고, 타라스도 장사에 성공해 부자가 되었습니다. 이반은 묵묵히 농사를 지었습니다. 그런데 탐욕스러운 세몬과 타라스는 아버지에게 재산을 달라고 떼를 썼습니다. 이반은 아버지를 도와 일군 재산을 일정 부분 형들에게 양보했습니다. 두목 도깨비는 형제들이 다투지 않고 재산을 나눠 갖자 화가 납니다. 그래서 형제들을 이간질하라고 부하들에게 시킵니다. (12~17쪽)

이반은 도깨비의 유혹 이기고 마법까지 얻어

▲이반을 맡은 도깨비는 패배를 인정하고 땅으로 사라졌다.

(나)도깨비들은 이반과 형제들이 재산 다툼을 하도록 세몬을 전쟁에서 지게 하고, 타라스의 장사를 망하게 합니다. 하지만 이반은 두 형의 가족을 자기 집에서 지내게 합니다. 이반 유혹에 실패한 도깨비는 도리어 이반에게 잡혀 병을 낫게 하는 풀뿌리를 주고 풀려납니다. 세몬과 타라스를 맡았던 도깨비들도 이반을 유혹하는 데는 실패해, 호밀짚으로 군인을 만드는 마법과 나뭇잎을 금화로 만드는 마법을 알려 줍니다. 그런데 세몬과 타라스의 아내가 농사꾼 냄새가 고약하다며 이반에게 불평하자, 이반은 밖으로 나가 따로 밥을 먹습니다. (33~51쪽)

본문 맛보기

이반에게 얻은 금화와 군대로 사람들 괴롭혀

(다)이반은 마법으로 병사를 만들어 마을 사람들 앞에서 노래를 부르게 하고, 금화를 만들어 나눠 줬습니다. 이반에게 병사들과 금화를 받아 부자가 된 세묜과 타라스는 더 달라고 했으나 거절을 당합니다. "병사들에게 사람을 죽이게 하다니 그럴 수 없어요. 금화도 줄 수 없어요. 형님이 어떤 아이의 집에서 암소를 사 가는 바람에 아이가 우유를 못 먹어요. 형님이 금화를 장난감으로 삼는 줄 알았는데, 나쁘게도 장사를 하고 있잖아요." 세묜과 타라스는 군대와 돈을 바탕으로 왕이 되었습니다. (50~57쪽)

▲탐욕스러운 세묜과 타라스는 이반에게 군대와 금화를 더 달라고 졸랐다.

왕이 손수 농사짓자 똑똑한 백성들 모두 떠나

(라)왕은 공주를 낫게 하면 공주와 결혼시킨 뒤 나라를 물려주겠다고 했습니다. 이반은 도깨비에게 얻은 풀뿌리를 들고 궁궐로 향하다 손을 다친 거지 여자에게 주고 말았습니다. 그런데 이반이 빈손으로 궁궐에 들어서자마자 공주의 병이 나았습니다. 왕은 약속대로 공주와 결혼시켰습니다. 나라를 물려받아 왕이 된 이반은 손수 농사를 지었습니다. 나라에서 품삯을 주지 않자 똑똑한 백성들은 모두 떠나고 바보만 남았습니다. 하지만 부자도 가난한 사람도 없이 모두 땀 흘려 일하고 이웃과 나누며 살았습니다. (61~65쪽)

▲이반은 왕이었지만 자기 몫을 벌기 위해 농사를 지었다.

평화를 사랑하는 백성들 때문에 적도 물러가

▲두목 도깨비는 이반을 망하게 하려고 직접 나섰지만 실패했다.

(마)이번에는 두목 도깨비가 나서서 장군으로 변해 세몬의 나라를 망하게 하고, 상인으로 변해 타라스의 나라도 무너뜨렸습니다. 두목은 다시 이반의 나라로 가서 군사를 모집했지만 한 사람도 지원하지 않았습니다. 임금의 명령이라고 겁을 줬는데도 통하지 않았습니다. 두목은 이웃 나라 타라칸의 왕을 꼬드겨 이반을 치게 했습니다. 그런데 백성들은 타라칸의 군인들에게 곡식을 순순히 내주고, 집에 불을 질러도 울기만 했습니다. 군인들은 백성들이 불쌍하다며 그냥 돌아가 버렸습니다. (67~77쪽)

몸을 써서 일한 사람만 식탁에서 앉을 수 있어

▲이반의 나라에서는 몸을 써서 일하지 않으면 식탁에 앉을 수 없었다.

(바)전쟁을 일으키는 데 실패한 두목 도깨비는, 이반의 나라 백성을 다투게 하려고 금화를 나눠 주지만, 금화를 장난감으로 생각했습니다. 밥을 얻어먹으려 해도 손에 굳은살이 없다며 찌꺼기를 주었지요. 두목 도깨비는 몸보다 머리를 써서 일하는 게 더 이득이라고 유혹했는데, 백성들은 말을 듣지 않았어요. 이반의 나라 백성은 모두 자유롭고 행복했습니다. 이반의 나라에서는 굳은살이 박힌 사람만 식탁에 앉아 식사를 할 수 있었고, 그렇지 않으면 남들이 먹다 남긴 찌꺼기를 먹어야 했습니다. (79~88쪽)

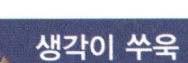

생각이 쑤욱

1. (가)에서 두목 도깨비가 부하들에게 형제들을 망하게 하라고 시킨 까닭은 무엇인가요?

2. (나)에서 세몬의 아내와 타라스의 아내가 잘못한 점을 지적해 보세요.

▲어떤 노동이든 천대를 받아서는 안 되는 소중한 가치가 있다.

머리에 쏘옥

톨스토이는 누구인가

▲톨스토이

톨스토이는 러시아의 귀족 집안에서 태어나 23세에 군인이 되어 전쟁에 참여합니다. 그리고 5년 뒤 고향으로 돌아와 농사를 지으며 글을 모르는 사람을 가르칩니다. 이때의 경험으로 농민의 고달픔을 안 뒤 농사를 지으며 살지요. 정직한 노동의 소중함도 깨닫습니다.

톨스토이는 재산을 가난한 사람들에게 나눠 주려고 했지만, 가족의 반대로 실패합니다. 그리고 1910년에 여행을 떠났다가 기차역에서 쓰러져 숨을 거둡니다. 톨스토이는 어른을 위한 소설을 많이 남겼습니다.

노동에 대한 편견을 없애야

농사를 짓는 사람들이 없으면 곡식이나 채소, 야채가 생산되지 않습니다. 공사장에서 일하는 사람이 없으면 건물도 지을 수 없습니다. 따라서 모든 노동은 무시해서는 안 되는 가치가 있습니다. 노동의 가치와 일하는 사람들의 소중함을 알아야 한다는 말입니다.

생각이 쑤욱

3 (다)에서 이반과 두 형이 군사와 금화를 보는 눈이 왜 다른지 비교하세요.

▲돈도 노동을 통해 얻어야 가치가 있다.

4 (라)의 이반 나라에서 땀 흘려 일하지 못하는 장애인이나 노인들은 어떻게 대우해야 할까요?

머리에 쏘옥

군사와 금화에 대한 이반과 형들의 생각

전쟁은 대개 노동을 하지 않고 다른 사람들이 힘들여 일군 것을 강제로 빼앗으려다 일어납니다. 전쟁을 하려면 군인이 필요하지요.

이 책이 나올 당시 상인들 가운데는 농민에게 돈을 빌려주고 비싼 이자를 받아 부자가 되는 사람이 많았습니다. 또 상인은 농민에게 품질이 나쁜 물건을 팔아 이득을 챙기는 사람도 적지 않았지요.

따라서 군인인 형에게 군사는 남을 억눌러서 돈을 빼앗는 수단입니다. 상인인 형에게 금화는 더 많은 돈을 버는 수단이지요. 예들 들면 가난한 농민이 키우던 젖소를 싸게 사다가 비싸게 파는 것이죠. 이렇게 되면 젖소를 판 농민의 자녀는 젖을 먹지 못하게 됩니다.

하지만 이반의 나라에서는 모두 땀 흘려 일하고 이웃과 나누며 삽니다. 부자도 가난한 사람도 없고, 다른 사람의 재산을 욕심낼 이유도 없는 것이죠. 그러니 이반에게 땀 흘려 얻지 않은 금화는 장난감처럼 보이고, 군대는 쓸모가 없는 것입니다.

생각이 쑥

5 (마)에서 이반의 나라에는 군대도 없었고, 쳐들어와서 곡식을 빼앗는 타라칸의 병사들에게 백성들이 곡식을 순순히 내줘서 싸움이 일어나지 않았습니다. 세계의 여러 나라가 평화를 지키기 위해 필요한 세 가지 규칙을 만들고, 그 규칙이 필요한 이유도 들어보세요.

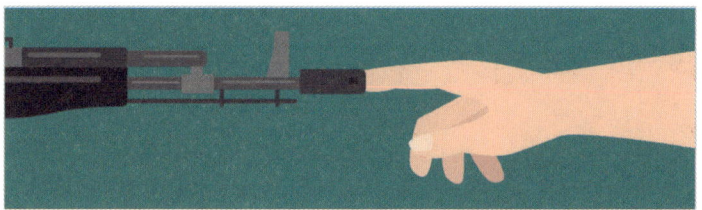

▲평화를 이루려면 다른 나라의 것을 빼앗으려 하지 말아야 한다.

규칙	필요한 이유

머리에 쏘옥

전쟁은 왜 일어날까

나라와 나라 사이에 전쟁이 나면 많은 사람이 죽거나 다치고, 건물이 파괴되는 등 재산 피해도 발생하지요.

전쟁이 일어나는 원인은 주로 땅이나 자원을 더 많이 차지하려고 하기 때문입니다. 종교가 다르거나 추구하는 생각이 달라 일어나기도 하고, 인종 차별 때문에 일어나기도 합니다.

제2차 세계대전(1939~45) 때 독일은 유대인을 차별해 600만 명이나 학살했습니다. 6·25전쟁(1950~53)은 북한이 남한을 공산주의 세상으로 만들려고 일으킨 전쟁입니다.

▲전쟁이 일어나면 많은 사람이 죽거나 다치고, 건물도 파괴된다.

생각이 쑥욱

6 아래 제시된 문장처럼 두목 도깨비가 (바)에서 말한 내용을, 이반의 나라 백성의 입장에서 구체적인 사례를 들어 꺾어 보세요.

"바보 이반의 나라 백성들아, 몸보다 머리를 써서 일하는 게 더 이득이야!"

▲아파트 등 부동산을 많이 사 놨다가 값이 오르면 파는 일도, 정당한 노동을 통해 버는 돈이 아니어서 누군가 피해를 보게 된다.

머리에 쏘옥

편하게 사는 법 가르쳐 준다는 두목 도깨비의 유혹에 넘어가지 않은 까닭

두목 도깨비는 이반의 나라 사람들에게 힘들게 몸으로 일하지 않고, 머리를 써서 일하는 법을 가르쳐 준다고 떠벌립니다.

머리를 써서 일하는 방법이란, 지금의 정신 노동이 아닙니다. 다른 사람이 일해서 얻은 결과물을 꾀를 부려서 빼앗아 가는 방법이죠. 예를 들어 곡식의 가격을 잘 모르는 농부들에게 싼값으로 곡식을 사들인 뒤 도시에 내다 비싸게 파는 행위입니다. 어떤 물건을 모두 사들여서 가격을 올린 뒤 비싸게 파는 방법도 있지요.

지금으로 치면 부동산을 마구 사 놓은 뒤 값이 오르길 기다렸다가 파는 부동산 투기 행위, 방탄소년단의 공연 표를 많이 사 뒀다가 높은 값에 되파는 암표 장사 등이 이에 해당됩니다.

부정하게 돈을 버는 행위는 노동을 통해 버는 것이 아니므로 정당하지 않습니다. 그리고 남을 속이지 않고 일을 해서 돈을 벌어야 사회가 발전할 수 있습니다.

생각이 쑤욱

7 우리 사회에 일확천금을 노리는 사람들이 늘어나면 생길 수 있는 문제점을 지적하고, 이 반의 나라처럼 정직하게 노동하는 사람이 대접을 받는 나라를 만들려면 어떻게 해야 하는지 말해 보세요(300~400자).

우리나라의 로또복권 판매량이 갈수록 늘어나고 있다. 하루 평균 복권 판매 금액이 108억 원에 이르렀다. 국민 1명이 1년에 7만 원이 넘는 돈을 복권에 투자한 셈이다. 최근에는 청소년에게 금지된 복권을 청소년들이 인터넷을 통해 사들이는 일이 유행처럼 번져 문제가 되었다. 전문가들은 노동을 해서 돈을 벌지 않고 **일확천금**을 노리면 사회 발전을 기대할 수 없다고 말한다. 또 정직한 노동의 가치를 외면하고 운만 바라기 때문에 노동하는 사람을 어리석게 보는 분위기가 만들어질 수 있다. 돈을 버는 데만 신경을 써서 타인에게 사기를 치거나 피해를 주는 일도 아무렇지 않게 생각할 수 있다.

<신문 기사 참조>

▲복권에 당첨되어서 힘들이지 않고 부자가 되려는 사람들이 늘어나고 있다.

일확천금 힘들이지 않고 단번에 많은 재물을 얻음.

초등학생 문해독서 중급 2호 답안과 풀이

01. 『공학은 세상을 어떻게 바꾸었을까?』

♣11쪽

1. 예시 답안

　샤프는 연필을 자주 깎아야 하는 불편함을 해결하기 위해 기계공학을 응용해 만들었다. 대만 출신의 발명가 홍려는 칼자국이 한 번 생길 때마다 연필심이 조금씩 길어지는 모습에서 아이디어를 얻었다. 연필심을 조금씩 올라가게 만든다면 연필을 자주 깎지 않아도 될 거라고 생각했다. 그 뒤 홍려는 깎지 않아도 되는 연필을 연구한 끝에 샤프를 발명했다.

2. 예시 답안

　불의 발명으로 사람들은 음식을 익혀 먹게 되어 날것을 먹었을 때 생기는 병을 막을 수 있었다. 밤에도 불을 밝힐 수 있게 되었으며, 추운 날에는 불을 지펴 추위도 막을 수 있었다. 하지만 불의 발견으로 화재가 일어나 재산을 잃거나 화상을 입는 등 사고의 위험이 커졌다.

♣12쪽

3. 예시 답안

　사람의 일자리가 부족해지는 문제점이 있다. 로봇이 사람이 하던 일을 대신하기 때문이다. 또 사람들끼리 어울리는 시간이 줄어 소통에도 문제가 생길 수 있다. 로봇과 소통하며 일을 하거나 반려 로봇을 이용할 수 있기 때문이다. 이 밖에 로봇을 범죄에 사용할 수도 있다. 예를 들어 테러범이 킬러 로봇을 시켜서 민간인을 살해하는 무기로 쓸 수도 있다. 독재자가 국민을 감시하는 도구로 로봇을 사용할 수도 있다.

4. 예시 답안

　통조림은 음식물을 통에 담은 뒤 공기가 통하지 않게 단단히 막은 채 가열해 만든다. 음식물이 상하는 원인은 공기 중의 미생물 때문이다. 공기가 통하지 않게 단단히 막은 채 가열하면 미생물의 활동을 막을 수 있다. 그러면 음식물이 상하지 않아서 오래 보관할 수 있다.

♣13쪽

5. 예시 답안

　거중기는 위에 4개와 아래 4개의 도르래를 수평으로 연결한 뒤, 아래 도르래 밑으로 물체를 달아맸다. 그리고 위쪽 도르래의 양쪽으로 잡아당길 수 있는 끈을 연결했다. 끈을 잡아당기면 도르래가 움직이면서 물체를 위로 들어 올리는 공학의 원리가 이용되었다. 거중기를 사용한 덕분에 화성을 쌓을 때 공사 기간이 단축되었다. 또 돌 등 큰 물건을 들어 올려 일손도 절약하고 사고도 막을 수 있었다. 거중기 덕분에 사람의 힘만으로 할 때보다 작업 속도가 4~5배는 빨라졌다.

♣14쪽

6. 예시 답안

　공학자에게 윤리가 필요한 까닭은 공학자가 윤리를 지키지 않으면 좋지 않은 사고가 일어날 수 있어서다. 동물 사료 업체가 운영하는 실험 농장에서 직원들은 젖소의 몸통에 붙은 장치의 뚜껑을 열고, 사료를 소의 위 속으로 직접 집어넣는다. 이런 사례는 사람들에게 윤리가 없으면 동물에게 고통을 주는 행위를 서슴지 않는다는 사실을 보여 준다. 공학자도 다르지 않다. 공학자는 사람들의 생활에 중요한 역할을 하는 기계나 장치를 만든다. 그런데 사람을 해쳐서는 안 된다는 강한 윤리를 갖고 있지 않으면, 그런 기계나 장치가 고장이 나거나 잘못 사용될 경우 사람들을 해치는 흉기가 될 수 있다는 점을 무시하게 된다. 따라서 공학자는 자신의 판단 하나가 수많은 사람의 생명을 앗아갈 수 있다는 점을 알고 조심스럽게 연구하는 태도를 가져야 한다.

♣15쪽

7. 예시 답안

　공학은 불편함을 해결하는 학문이다. 그래서 공학자들은 사람이 느끼는 불편함이나 문제점을 해결해서 조금 더 나은 삶을 살게 해 주려고 노력한다. 그렇다고 어른만 공학 발전에 도움을 주는 것은 아니다. 어린이도 생활에서 느끼는 불편함을 적고 아이디어를 내서 공학 발전에 도움을 줄 수 있다. 불편함을 느끼고 문제점을 기록할 때에는 특정한 주제를 정해서 일정한 기간에 그것과 관련된 문제만 수집하는 게 좋다. 예를 들어 이번 한 달은 '허리를 굽혀야 하는 불편함'을 주제로 정하고, 허리를 굽히게 만드는 생활의 불편함에 관해 목록을 작성해 보는 것이다. 이렇게 해서 탄생한 대표적인 발명품이 신발정리집게다. 따라서 공학자가 되려면 특정한 주제를 정해 생활의 불편함을 개선할 수 있는 아이디어를 마련하기 위해 집중하는 태도를 가질 필요가 있다.

02. 『부글부글 땅속의 비밀 화산과 지진』

♣21쪽

1. 예시 답안

지각	지구의 가장 바깥 부분이다. 사과 껍질처럼 지구를 싸고 있으며 단단한 암석으로 되어 있다.
맨틀	지구에서 가장 두꺼운 부분으로, 지구 부피의 80퍼센트(100 가운데 80)나 차지한다. 무거운 암석으로 이뤄져 있다. 고체 상태이지만 말랑말랑하다.
외핵	맨틀과 달리 금속으로 이루어져 있다. 핵의 바깥 부분으로 철을 녹일 정도로 뜨거워서 액체 상태로 되어 있다.
내핵	외핵보다 온도가 높지만 지각과 맨틀, 외핵이 강한 힘으로 누르고 있어서 고체 상태를 이루고 있다.

2. 예시 답안

　판과 판의 경계 부분에서는 판들이 서로 충돌하거나 멀어지기 때문이다. 지구 표면을 이루는 판들은 고정되어 있지 않고 움직이는데, 퍼즐 조각처럼 서로 맞물려 있어 하나의 판이 이동하면 다른 판도 영향을 받는다. 판이 움직이면 판의 일부인 대륙도 움직인다. 이때 판의 경계에서 두 개 이상의 판이 충돌하거나 벌어지면 지진과 화산 활동이 생긴다.

♣22쪽

3. 예시 답안

　용암이 빠르게 굳으면서 가스 성분이 빠져 나갔기 때문이다. 현무

암은 마그마가 지표 부근에서 식어서 만들어진 암석이다. 밖으로 나오면서 압력이 낮아져 가스가 급히 빠져 나가 구멍이 뚫렸다.

4. 예시 답안

화산재는 항공기의 계기에 쌓이거나 몸체에 달라붙어 문제를 일으킬 위험이 크다. 조종석 창에 붙어 앞을 가리거나, 비행기 내부로 들어가 엔진이 멈추는 사고를 일으킬 수도 있다.

♣ 23쪽

5. 예시 답안

한라산이나 울릉도의 경우 화산으로 생긴 지형을 이용해 관광 산업을 발전시켰다. 화산이 많은 필리핀과 카리브해의 섬들, 하와이의 바나나 농장은 화산 분출물이 쌓인 영양 많은 흙으로 만들어졌다. 뉴질랜드는 화산 활동으로 나타나는 높은 지열을 난방에 이용하거나 발전소를 건설해 전기를 생산한다.

♣ 24쪽

6. 예시 답안

화산 부근에 관측소를 설치해 온도 변화나 지진 활동을 꾸준히 관측한다. 대피 계획도 미리 세우고, 물과 음식물, 전력을 공급할 수 있는 체계도 갖추어야 한다. 방송 등 언론을 통해 화산 폭발 대피 요령을 알리고, 평소에 화산 폭발 대피 훈련도 한다.

♣ 25쪽

7. 예시 답안

우리나라에서 지진이 발생하는 횟수가 증가하고 있다. 더 이상은 지진 안전 지대라고 안심할 수 없다는 말이다. 그래서 평소 지진을 미리 알고, 대비하는 방법을 익혀야 한다. 지진 피해를 최소화하려면 평소에 지진 대피 행동 요령을 익혀 둬야 한다. 반복 훈련을 통해 익숙해져야 몸이 어떻게 행동해야 하는지 기억할 수 있다. 이렇게 되면 지진이 발생해도 당황하지 않고 적절하게 대응할 수 있다. 지진이 발생하기 전에는 건물을 튼튼하게 지어 지진 발생으로 생길 수 있는 사고의 원인을 미리 없앤다. 그리고 실내에서 물건을 정리할 때는 무거운 물건을 항상 아래쪽에 두는 습관을 들인다. 평소에 구급 약품과 비상 식량, 담요, 수건, 장갑, 손전등 등을 준비해 둔다.

03. 『경제박사로 키워 주는 재미있는 어린이 경제
10원으로 배우는 경제 이야기』

♣ 31쪽

1. 예시 답안

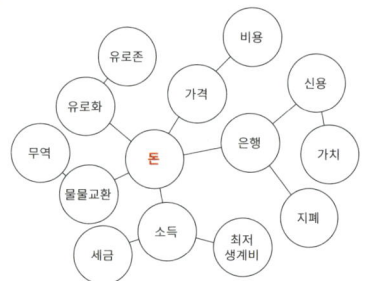

2. 예시 답안
- 돈이 귀해져 물건 값이 싸진다.
- 경제 활동이 위축된다.
- 집안 구석구석에 있던 돈이 시중에 나온다.
- 일자리를 잃는 사람이 늘어난다.

♣ 32쪽

3. 예시 답안

물건	필통	인형
희망 가격	1000원	3000원
이유	사용하지 않는 필통을 내놓겠다. 정가가 3000원인데, 거의 새것이므로 3분의 1 정도의 가격이면 적당할 것 같다.	인형을 깨끗이 세탁해 내놓겠다. 3000원이면 조금 비쌀 수 있지만, 정가가 1만 원인 데다 어린이가 좋아하는 캐릭터 인형이므로 인기가 있을 것 같다.

4. 예시 답안

무인도에는 사람도 없고 상점도 없어 돈을 쓸 데가 없다. 음식 대신 돈을 먹을 수도 없는 노릇이다. 돈은 어떤 물건을 얻기 위해 지불할 수 있을 때 비로소 그 가치가 생긴다. 돈 자체가 재산은 아니며 살 물건이 없으면 아무 소용도 없다. 따라서 무인도에서는 돈이 가진 원래의 가치가 사라진다. 돈이 든 가방만 가지고 무인도에 도착한 사람은 돈을 다른 용도로 써야 할 것이다. 지폐의 양이 많다면 잠잘 때 깔거나 베고 잘 수 있다. 비행기나 배가 지나갈 때 구조 요청을 위해 돈 다발에 불을 붙일 수도 있다. 구조되었을 때를 대비해 돈을 잘 보관하는 방법도 있다.

♣ 33쪽

5. 예시 답안

돈을 땅에 묻거나 금고에 넣어 두고 순환시키지 않으면 한국은행은 더 많은 돈을 찍어 내야 한다. 돈을 찍는 데 들이는 비용은 국민이 내는 세금이므로 국민의 세금 부담이 늘어난다. 따라서 돈을 땅에 묻거나 금고에 넣어 두는 행위는 국가적으로 손실을 끼치는 것이다.

♣ 34쪽

6. 예시 답안

돈은 사람들이 거래를 편리하게 하도록 만들었다. 그런데 모든 사람이 지금보다 두 배 많은 돈을 가질 경우 물건을 두 배 많이 사려고 할 것이다. 한 봉지에 1000원 하던 과자 값이 계속 오른다면 인플레이션이 발생했음을 나타낸다. 인플레이션이 일어나는 까닭은 시중에 돈이 지나치게 넘치기 때문이므로 한국은행은 돈의 공급을 줄여야 한다.

♣ 35쪽

7. 예시 답안

화폐 단위가 나라마다 다른 경우 다른 나라로 여행하거나 무역을

초등학생 문해독서 중급 2호 답안과 풀이

할 때 돈을 바꿔 거래해야 하는 불편이 따른다. 나라마다 교환 비율도 달라 물건 값을 계산하기도 복잡하다. 세계의 모든 나라가 같은 돈을 사용한다면 다른 나라로 여행할 때 돈을 바꾸는 불편이 사라질 것이다. 물건을 살 때도 환율을 따지지 않고 거래할 수 있어 편리하다. 하지만 유로화처럼 모든 나라가 같은 돈을 사용하는 경우 경쟁력이 없는 국가들은 재정 위기에 빠지기 쉽다. 같은 물건을 만들어 팔아도 같은 통화이기 때문에 선진국을 따라갈 수 없다. 즉 경쟁력이 떨어지는 상품의 판매는 어렵지만, 다른 나라 상품을 쉽게 살 수 있으므로 소비는 늘어나 나라 경제가 흔들린다. 이에 비해 부강한 나라는 물건이 좋은 데다 통화 가치까지 내려가는 효과를 얻을 수 있다.

04. 『별난 기자 본본, 우리 건축에 푹 빠지다』

♣ 41쪽

1. 예시 답안

여름에는 시원하게 그늘을 만들고, 겨울에는 눈과 바람을 막아 집안을 따뜻하게 품는 역할을 한다.

2. 예시 답안

자연 풍경을 해치지 않고 편안한 느낌을 주면서도 자연과 잘 어울리는 데서 멋을 느꼈기 때문이다. 그래서 우리 조상은 주변에서 구하기 쉬운 재료를 사용해 집을 지었다. 이것은 도랑주를 보면 알 수 있다. 도랑주는 나무를 껍질만 벗기고 모양은 거의 손보지 않은 채 기둥으로 쓰는 기법을 말하는데, 투박하면서도 자연스러운 멋이 드러나 있다.

♣ 42쪽

3. 예시 답안

창호의 두께가 얇은 데다, 종이를 발라 쓰므로 찬바람이 잘 들어오고 소리도 새어 나오기 쉽기 때문이다.

4. 예시 답안

온돌의 경우 차가운 공기는 아래로 내려가고, 뜨거운 공기는 위로 올라가는 대류 현상을 이용했다. 아궁이에 불을 때면 열기와 연기가 구들장 아래로 뚫린 길을 따라 굴뚝으로 올라간다. 구들장 끝에는 개자리라는 구덩이를 만들었다. 여기서는 열기와 연기가 통과할 공간이 갑자기 넓어진다. 그래서 열기가 통과하는 속도가 뚝 떨어진다. 이렇게 되면 열기가 굴뚝으로 금방 빠져 나가지 않아 열의 손실을 막을 수 있다. 굴뚝에서 들어오는 찬 공기도 막아 준다. 대류 현상이 일어나도록 만든 것이다.

♣ 43쪽

5. 예시 답안

일본 정원은 사람의 손으로 만든 자연을 집 안에 들여 놓은 모습이다. 자신이 꾸민 정원을 다른 사람이 보고, 깊고 조용한 마음씨를 느끼길 바랐다. 이에 비해 우리 조상은 자연 그대로를 즐겼기 때문에 정원을 일부러 만들지 않았다. 근사한 기와집을 지어도, 마당에 아무것도 꾸미지 않고 비워 놓았다. 우리나라 정원의 뛰어난 점은, 자연을 소중히 여기는 마음을 나타낸 것이다. 조상들은 아름다운 자연을 정원으로 삼아 자주 찾아가 아름다움을 즐겼다. 자연을 망가뜨리지 않고 집 뒤로 펼쳐진 언덕과 산속의 경치 좋은 곳을 정원으로 삼았다.

♣ 44쪽

6. 예시 답안

조상들은 집이 자연과 잘 어울려야 한다고 생각했다. 그래서 자연에서 쉽게 구할 수 있는 나무와 흙 등의 재료로 집을 지었다. 그래서 몸에도 이롭고 보기에도 아름다운 집을 지었다. 요즘 사람은 비싸게 팔기에 적당한 집을 좋은 집이라 생각한다. 집을 재산을 불리는 가장 중요한 수단으로 여기기 때문이다. 그래서 근처에 전철역이 있고, 학군이 좋은 곳에 있는 집을 많이 찾는다. 나는 한옥처럼 자연을 가깝게 느낄 수 있는 집을 좋은 집이라 생각한다. 마당에 나무와 꽃을 심을 수 있고, 채소를 기를 수도 있다. 내가 좋아하는 강아지도 마음 놓고 키울 수 있다.

♣ 45쪽

7. 예시 답안

한옥이 인기를 끄는 까닭은 서양 건물이 따를 수 없는 한옥만의 장점이 있기 때문이다. 한옥은 자연에서 쉽게 얻을 수 있는 나무와 흙으로 지었고, 화학 물질이 적게 들어가므로 건강에 좋다. 주방과 화장실 등 시설도 현대화되어 생활하기에 편리해진 점도 한옥에 관심을 갖게 된 이유다. 한옥의 인기를 이어가려면 살림집뿐만 아니라 찻집과 식당도 한옥으로 짓도록 적극 지원해야 한다. 도서관과 주민센터 등 관공서의 건물을 한옥으로 짓는 것도 좋은 방법이다. 관공서를 한옥으로 지으면 여러 사람들이 방문하게 돼, 한옥을 친숙하게 느낄 수 있기 때문이다. 한옥의 장점을 느낄 수 있도록 한옥 게스트하우스를 싼값에 이용할 수 있게 할 필요도 있다.

05. 『난 한글에 홀딱 반했어!』

♣ 51쪽

1. 예시 답안

▶ 지도를 볼 수 없어서 혼자서는 길을 찾을 수 없다.
▶ 문자를 주고받지 못해서 연락할 일이 있으면 직접 만나거나 전화해야 한다.
▶ 노래방에서 노래를 부를 때 가사를 다 외워야 부를 수 있다.
▶ 음악회에 갔을 때 순서를 몰라서 답답하다.
▶ 자막을 읽을 수 없어서 외국말을 모르면 영화를 볼 수 없다.
▶ 기사를 읽지 못하고 댓글도 달 수 없어서 내 의견을 표현할 수 없다.

2. 예시 답안

중국이 최고이고 한자로 학문을 연구하는 것만 진짜 학문이라고 생각하니, 참으로 한심하다. 우리나라는 중국과 말이 다르니, 한자와는 다른 우리 글자가 있어야 할 것이다. 백성이 글을 몰라서 억울한 일을 당하고, 평생 책 한 권 읽지 못하니 이 또한 안타깝다. 훈민정음을 만든 것은 백성을 위해 옳은 일이다. 훈민정음이 널리 쓰이면 백성의 생활이 편리해지고 우리나라도 부유하고 강한 나라가 될 것이다.

129

초등학생 문해독서 중급 2호 답안과 풀이

♣52쪽

3. 예시 답안

우리말에는 우리 민족의 정신이 깃들어 있다. 우리 민족은 오랫동안 다른 민족과 다른 환경에서 살며, 우리 나름의 정신을 형성했다. 예를 들어 '멋'이라는 말에는 고상한 아름다움이나 분위기를 소중하게 여겼던 우리 민족의 정신이 담겨 있다. 말은 정신을 담아 내는 그릇이므로, 우리 민족의 정신은 우리말을 통해 표현된다. 따라서 우리말이 사라지면 우리 민족의 정신도 함께 사라지게 된다.

4. 예시 답안

표준어를 쓰지 않고 사투리를 쓰면 의사 소통에 오해가 생길 수 있다. 예를 들어 아이가 "할머니, 이거 가지 맞아?"라고 물었다고 하자. 할머니가 "맞다."는 의미의 사투리로 "오이야~."라고 말하면, 아이는 가지를 오이라고 생각할 수 있다.

♣53쪽

5. 예시 답안

▶ 찬성 : 말도 세월이 흐르면서 조금씩 달라져야 당연하다. 우리가 자라면서 모습이 달라지는 이치와 같다. 통신 언어 사용은 개인의 자유다. 통신 언어는 또 다른 언어의 표현이고 집단의 대화 수단이다. 자유롭게 언어를 선택해 대화하려는 시도를 막을 수 없다. 통신 언어는 시대의 요구에 따르는 일이다. '죄송합니다'를 'ㅈㅅ', '알겠습니다'를 'ㅇㅇ'으로 쓰면, 되도록 빠르고 간편한 것을 추구하는 정보화 시대에 알맞은 흐름이다. 통신 언어를 사용하면 소속감도 커진다. 또래끼리 통하는 언어로 또래만의 세계를 만들 수 있어, 공감대 형성에 이로운 영향을 주기 때문이다.

▶ 반대 : 뜻이 제대로 통하지 않을 정도로 마구 만들어서 사용할 경우 의사 소통에 문제가 생겨 좋지 않다. 말의 역할은 뜻을 전달하는 데 있다. 그런데 통신 언어를 쓰면 뜻을 정확하게 이해하기 어렵다. 통신 언어는 또 한글을 파괴한다. 우리 조상은 한글을 지키기 위해 피나는 노력을 했다. 하지만 통신 언어는 문법에 어긋나게 사용하는 사례가 흔하다. 통신 언어는 세대 간 불화를 조성한다. 청소년과 어른의 대화에는 세대 차이가 나는데, 통신 언어의 장벽마저 생겨 대화가 더 힘들어졌다. 통신 언어는 비교육적인 문제도 있다. 한글을 제대로 배우지 않은 상태에서 통신 언어를 접하면 우리말을 사용하는 능력이 떨어진다.

♣54쪽

6. 예시 답안

새로 생긴 말	인공위성	예전에는 없었던 물건인데, 과학 기술의 발달로 새로운 물건이 개발되자, 이것을 나타낼 말이 필요하게 되었다.
	세탁기	
사라진 말	영감	조선 시대에 높은 관리를 부르는 이름이었는데, 시대가 바뀌자 쓰이지 않게 되었다. 지금은 나이가 많은 남자를 이르는 말로 변했다.
	뫼	'산'을 뜻하는 우리 고유어였는데, 한자어 '산'이 들어오자 경쟁에 밀려 지금은 쓰이지 않게 되었다.

♣55쪽

7. 예시 답안

한글이 옛날보다 지금 더 인정받는 까닭은, 정보화 시대를 맞아 한글 덕분에 스마트폰과 컴퓨터 등 통신 기기를 손쉽고 빠르게 이용할 수 있게 되었기 때문이다. 예로부터 사람들은 말과 글을 이용해 의사를 소통해 왔다. 오늘날에는 정보를 빠르게 주고받는 일이 중요해져서 통신 기기를 사용하는 일이 잦아졌다. 나라마다 통신 기기를 사용하기 위해 자판을 개발했는데, 여러 언어 가운데서도 한글이 훨씬 쉽고 빠르다. 예를 들어 영어는 알파벳 수만큼의 자판이 모두 필요하고, 중국어는 알파벳을 이용해 한자로 다시 바꿔야 하는 불편함이 따른다. 그런데 한글은 글자 수가 24개이지만, 훈민정음의 글자 만드는 공식을 응용해 자모 키 크기를 반으로 줄일 수 있다.

06. 『세상을 바꾼 상상력 사과 한 알』

♣61쪽

1. 예시 답안

한 번도 먹어 본 적이 없는 사과를 보고 호기심이 생겼기 때문이다. 빨갛게 잘 익은 사과는 하느님과의 약속을 저버릴 만큼 매력적인 모습이었다. 또 사과를 먹으면 하느님처럼 지혜로워질 것이라는 뱀의 말을 듣고, 그렇게 될 자신의 모습을 상상하니 유혹을 물리치기 어려웠다.

2. 예시 답안

황금 사과는 신화의 소재가 되었고, 신화는 예술가에게 영감을 불러 일으켜 시와 음악, 조각상과 그림 등으로 창작돼 예술의 발전에 도움을 주었다.

♣62쪽

3. 예시 답안

독서를 좋아하고 메모하는 습관이 있었기 때문이다. 뉴턴은 독일의 천문학자인 케플러의 연구를 공부해 태양을 중심으로 행성이 타원형으로 돈다는 사실을 알았다. 또 이탈리아의 천문학자인 갈릴레오 갈릴레이가 증명한 지동설도 알았다. 뉴턴이 어려서부터 책을 많이 읽었기 때문이다. 메모하는 습관도 있었는데, 이러한 습관이 뉴턴의 관찰력을 더욱 날카롭게 만들어 주었다. 덕분에 같은 것을 봐도 남다르게 봤고, 사과가 떨어지는 현상에서 만유인력을 발견할 수 있었다.

4. 예시 답안

『빌헬름 텔의 사과 이야기』는 읽는 사람들에게 용기를 심어 주었다. 활을 잘 쏘고 용기가 있는 빌헬름 텔의 모습을 보고, 자신도 나라의 독립을 위해 힘을 보태야겠다고 생각했다. 이러한 마음이 모여 스위스는 오스트리아에서 독립할 수 있었다.

♣63쪽

5. 예시 답안

▶ 오른쪽과 왼쪽에서 본 모습이 다름을 알고, 여러 시점을 담은 그림을 그렸기 때문이다. 그러다 보니 더 실감나는 그림이 되었다.

▶ 이야기 짓기 : 식탁 위 하얀 접시에는 탐스러운 사과가 놓여 있다.

초등학생 문해독서 중급 2호 — 답안과 풀이

빨갛게 잘 익은 사과들은 당당한 모습으로 접시 위에 있다. 접시에 담기지 못한 과일은 부러운 눈빛으로 사과들을 보고 있다. '사과처럼 빨갛게 잘 익었더라면, 접시에 담길 수 있었을까', '사과처럼 아삭거리며 달콤한 맛을 냈더라면 접시에 담길 수 있었을까' 하고 사과만 보고 있다.

♣64쪽
6. 예시 답안

4차 산업혁명 시대는 '지능 정보화 시대'다. 지능은 지식과 다르다. 답이 없는 문제를 자꾸 생각하게 만들어야 한다. 그게 바로 상상력 교육이다. 노벨상도 기술이 뛰어난 사람이 받는 게 아니라, 기술과 상상력을 결합한 사람이 받는다는 사실을 알아야 한다. 따라서 어릴 적부터 상상력을 키우는 교육을 해야 한다. 상상력은 가르친다고 길러지는 것은 아니다. 스스로 상상의 세계를 펼칠 수 있도록 여유로운 공간과 시간을 제공해야 한다. 스티브 잡스가 스마트폰을 만들 수 있었던 이유도 어릴 적부터 상상하는 시간을 많이 가졌기 때문이다. 쓸데없는 생각을 하지 말고 학교 공부만 하라고 윽박지를 게 아니라, 아이들이 자유롭게 생각할 수 있도록 허용해야 상상력을 기를 수 있다.

♣65쪽
7. 예시 답안

▶ 객관식 시험을 반대하는 입장 : 4차 산업혁명 시대에는 창의적인 인재가 필요하다. 따라서 교육의 목표가 인문학적 상상력과 과학 기술을 만들어 낼 수 있는 인재를 키우는 것이어야 한다. 그런데 현재 시행하는 객관식 시험은 창의적인 인재를 키우기에는 어려움이 있다. 문제 풀이에 익숙한 학생들은 높은 점수를 받을 수는 있지만, 창의성이 높은 것은 아니기 때문이다. 서술형과 논술형 시험은 일정한 틀에서 벗어나 학생들이 자유롭게 제시한 결과물을 평가한다. 이렇게 되면 학생뿐 아니라 교사의 수업 방식도 창의적으로 바뀔 수 있다. 정해진 하나의 답을 찾는 것이 아니라, 문제를 해결하기 위해 다양한 방법을 찾아보는 수업을 진행할 것이다. 이것이 4차 산업혁명 시대에 필요한 능력이므로 객관식 시험은 폐지되어야 한다.

▶ 객관식 시험을 찬성하는 입장 : 객관식 시험은 정답이 있어서 공정하게 평가할 수 있다. 하지만 서술형이나 논술형 시험은 정답이 없어서 채점에 문제가 생길 수 있다. 학생이 왜 자기에게 낮은 점수를 줬냐고 물었을 때, 받아들일 만한 기준을 제시해야 하는데, 그것이 쉽지 않다. 채점자의 생각도 점수에 영향을 미칠 수 있다. 교사가 수업 시간에 말했던 부분을 적었다면 높은 점수를 주고, 학생 스스로 창의적인 답변을 적었다면 낮은 점수를 받을 수 있다. 그리고 초등학교의 경우 단순한 지식 수준을 평가해야 할 때가 많다. 초등학교 시절에 기본 지식을 쌓아야 중학교와 고등학교 때 지식을 확장하는 공부를 할 수 있다. 따라서 객관식 시험을 폐지해서는 안 된다.

07. 『잘못 뽑은 반장』

♣71쪽
1. 예시 답안
▶ 학교에서 소문난 말썽꾸러기인 로운이를 반장으로 뽑을 사람은 없을 거라 생각해서.
▶ 로운이가 반장에 어울리지 않는다고 생각해서.

2. 예시 답안
로운이는 늘 말썽만 부리고 다른 학생을 괴롭혔지만, 반장이 된 뒤 남을 위하고 반에 도움이 되는 일을 하려고 애썼다. 반장이라는 자리에 걸맞은 사람이 된 것이다.

♣72쪽
3. 예시 답안
<u>반장은 반의 리어카와 같은 존재가 되어야 해. 왜냐하면 반의 일이라는 무거운 짐을 싣고서도 험한 길을 갈 수 있어야 하기 때문이야.</u>

4. 예시 답안
나는 반장 선거에서 투표할 때 후보가 평소 어떤 사람이었는지를 가장 중요하게 생각한다. 다른 친구들을 얼마나 잘 도왔는지, 반에 일이 있을 때 앞장서서 해결했는지 등을 생각해 보는 것이다. 반장 선거 연설에서만 듣기 좋은 이야기를 하거나, 평소 자신이 이룰 수 없는 공약을 내세우는 후보는 절대로 뽑지 않는다. 언제나 묵묵히 반을 위해 노력하는 모습을 보인 친구에게 표를 주고 싶기 때문이다.

♣73쪽
5. 예시 답안
▶ 더 큰 벌을 받아야 한다 : 반장은 다른 학생의 모범이 되어야 하고 모든 일에 행동을 조심해야 한다. 그런 어려움이 있는 자리인 만큼 가질 수 있는 권한도 큰데, 자신의 의무를 다하지 않고 권한을 누리려고만 든다면 다른 사람보다 엄한 벌을 받아야 한다고 생각한다.

▶ 같은 벌을 받아도 된다 : 반장이 다른 학생보다 권한이 큰 것은 사실이다. 그러나 그 권한은 반장이 더 많은 책임을 지기 때문에 주어지는 것이다. 따라서 권한이 더 크다고 벌에 차등을 두어서는 안 된다. 같은 죄를 저지르면 같은 벌을 받아야 공평하다.

♣74쪽
6. 예시 답안

모범반장상

이로운

위 사람은 평소 품행이 바르지 못하고 남을 배려하지 못했으나, 반장을 맡고 나서 자신보다 남을 먼저 생각하고 반을 위해 늘 봉사하는 모습을 보였기에 이 상장을 드립니다.

○○○○년 ○○월 ○○일
교장 김행복

♣75쪽

7. 예시 답안

안녕하세요? 제가 반장 후보로 나온 까닭은 여러분과 함께 성공을 거두기 위해서입니다. 무슨 성공이냐구요? 제가 좋아하는 축구의 박지성 선수는 "도전이 없으면 성공도 없다."라고 말했는데, 이는 도전의 중요성을 강조한 말입니다. 저는 이 말에 용기를 얻어 반장이라는 새로운 도전을 시작하려고 합니다. 제가 여러분께 드리는 공약은 세 가지입니다. 저는 반에서 일어나는 다툼을 없애겠습니다. 다툼이 일어나면 가장 먼저 달려가 양쪽의 이야기를 듣고 서로 오해하는 점을 풀게 해서 화해하라고 설득할 것입니다. 반에서 왕따를 없애겠습니다. 우리 학교는 왕따 문제가 자주 일어나는데, 누구나 왕따가 될 수 있다는 두려움을 갖고 있는 것이 사실입니다. 왕따를 당하는 학생이 없도록 만들기 위해 점심 시간에는 다 같이 나가 팀을 짜서 협동심을 길러 주는 놀이를 하자고 제안합니다. 서로 웃으면서 힘을 합치고 어울리다 보면 서로에 대한 감정이 좋아져 왕따가 사라질 것입니다. 선생님과 상의해 지금의 교실 청소 당번제도 없애겠습니다. 우리가 교실을 깨끗이 관리하고 자기 책상 주변을 쓸고 닦기로 약속한다면 누군가 방과후에 남아서 삼십 분씩 청소하지 않아도 됩니다. 제 공약은 여러분과 함께하는 도전입니다. 무한 도전! 저를 뽑아 주신다면 박지성 선수의 말대로 우리 반의 발전을 위해 끝없이 도전하겠습니다. 기호 1번 이로운을 꼭 뽑아 주세요!

08. 『밤티 마을 큰돌이네 집』

♣81쪽

1. 예시 답안

꽃이 진 민들레를 '후' 하고 불면 씨앗이 두둥실 날아간다. 큰돌이 엄마는 집을 나가고 영미는 다른 집의 양딸로 가 버렸다. 큰돌이는 이처럼 자기 가족이 모두 뿔뿔이 헤어져 살기에 제각기 날아가는 민들레 꽃씨 같다는 생각을 한 것이다.

2. 예시 답안

<u>가족은 휴게실이다.</u> <u>그 이유는</u> 가족은 힘들거나 아플 때는 위로해 주고, 기쁠 때는 누구보다도 먼저 축하해 준다. 밖에서 활동하다 들어오면 휴식을 통해 재충전할 수 있다. 따라서 가족은 몸과 마음이 건강하게 성장하는 데에 중요한 역할을 하기 <u>때문이다.</u>

♣82쪽

3. 예시 답안

가족의 형태	특 징
대가족	할아버지, 할머니와 함께 사는 3대 가족을 말한다. 1960년대까지만 해도 대가족이 흔했다.
핵가족	부모와 아이만 이루어진 가족을 말한다. 사람들이 도시로 이동해 생겼다.
한부모 가족	부모 가운데 한 명만 있는 가족을 말한다. 이혼이 늘어 한부모 가족이 늘었다.
조손 가족	조부모와 손자, 손녀로 구성된 가족을 말한다. 새로운 가족 형태다.

4. 예시 답안

석희는 다음 날 아빠와 둘이 찍은 사진 한 장을 소중하게 골라 학교에 가져갔다. 국어 시간이 되었고, 어느새 석희 발표 차례가 되었다. 석희는 마음을 가다듬고 차분하게 발표를 이어 나갔다. "여러분, 세상에는 여러 형태의 가족이 있습니다. 다양성을 존중하는 건 미래 사회로 나아가는 자연스러운 과정입니다. 그러나 다양한 형태의 가족을 바라보는 우리의 시선은 아직도 편견에 사로잡혀 있습니다. 여러분이 눈치를 채셨다시피 우리집은 아버지와 둘이 사는 한부모 가족입니다. 한부모라고 해서 부모의 사랑이 모자라지는 않습니다. 따라서 한부모 가족과 조손 가족 등에 관해 편견을 가지고 계시다면, 오늘부터 편견을 없애 주셨으면 합니다." 석희의 발표가 끝나자 친구들의 박수가 교실이 떠나가도록 울려 퍼졌다. 석희는 빙그레 미소를 지었다.

♣83쪽

5. 예시 답안

세상의 모든 엄마들, 안녕하세요. 저는 오늘 큰돌이의 새엄마를 소개해 드리려고 해요. 새엄마는 큰돌이의 아빠와 재혼하신 뒤에 큰돌이네를 완전히 바꿔 놓았어요. 말하지도 듣지도 못하는 할아버지에게도 희망을 주었죠. 큰돌이를 생각해 큰돌이의 공부방을 만드는 등 훈훈한 집으로 바꾸어 나갔어요. 큰돌이가 마음을 열지 않아도 아랑곳하지 않고 자신의 할 일을 묵묵히 했습니다. 또 큰돌이가 영미를 그리워하는 것을 눈치 채고 데려 오자고 먼저 말하기도 했어요. 우리 사회에는 아직도 부모님이 자식을 학대하는 일이 흔하답니다. 요즘 아동 학대 가해자를 보면 새엄마보다 친부모가 더 많습니다. 자식을 자신의 소유물처럼 대하지 말고 큰돌이의 새엄마처럼 인격체로 대해 주면 어떨까요. 자식은 자신의 분신이자 미래 세대를 책임질 후손이잖아요.

♣84쪽

6. 예시 답안

화목한 가정 생활을 위한 다섯 가지 실천 규칙	
규칙	정한 까닭
식탁에서는 스마트폰을 사용하지 않는다.	밥 먹을 때만큼은 도란도란 이야기하는 시간을 가져야 서로를 깊이 알 수 있기 때문이다.
대화의 시간을 30분 이상 갖는다.	각자 생활이 바쁘다 보면 대화할 시간이 부족하다. 일부러 시간을 내어 가족의 정을 두텁게 쌓을 수 있기 때문이다.
TV는 정해진 시간에 본다.	시간을 정해 놓지 않으면 가족끼리 대화를 나눌 시간이 부족해지기 때문이다
집안일은 함께 한다.	도울 수 있는 일들은 함께 나눠서 해야 부모님의 일손을 덜어드릴 수 있기 때문이다.

초등학생 문해독서 중급 2호 답안과 풀이

| 일주일에 한 번 가족 회의를 연다. | 가족 사이에도 문제가 많이 생기니, 가족 회의를 통해 문제를 해결할 수 있기 때문이다. |

♣85쪽

7. 예시 답안

 아무런 문제가 없는 가족은 거의 없다. 형의 옷만 물려받아 속상한 동생, 동생이 공부를 잘해서 늘 비교만 당해 화가 나는 언니, 형제자매가 자주 다퉈 걱정이 많은 부모 등 한 가정 안에서도 수없이 크고 작은 문제가 일어나게 마련이다. 사람들에게도 고슴도치처럼 많은 가시가 있다. 때로 형제자매를 미워하고 힘들게 하거나, 부모님을 공경하지 않는 일이 바로 사람에게 있는 가시이다. 가시가 있더라도 서로 사랑하며 안아 줄 수 있는 방법은 서로를 보살피고 아끼고 이해해야 하는 것이다. 가시 돋친 말보다는 상대를 먼저 격려하고 배려하며 존중해 주는 말을 해야 한다. 가족들에게 자주 감사와 사랑의 마음을 표현하는 일도 좋은 방법이다.

09. 『허생전』

♣91쪽

1. 예시 답안

 변 부자가 생각하기에 허생은 돈을 빌려주어도 괜찮을 만한 사람이었기 때문이다. 돈을 빌리러 오는 사람은 대개 돈을 몇 배로 불려서 갚겠다거나, 돈만 빌려주면 무엇이든 하겠다고 말하면서 지키지도 못할 약속을 늘어놓는다. 허생은 변 부자의 눈을 똑바로 쳐다보며 당당하게 자기가 하고 싶은 말을 했다. 그래서 변 부자는 허생이 돈에 휘둘리지 않는 올곧은 사람이어서 믿어도 괜찮다고 생각했다.

2. 예시 답안

	허생이 이용한 허점
경제	시장의 규모가 매우 작았다. 물건의 유통이 잘 되지 않았고, 다른 나라와 무역 활동이 활발하지 않았다.
법	한 사람이 한 품목을 독점해서 큰 이익을 보더라도 이것을 단속할 수 있는 법이 없었다.
관습	양반들은 제사 지내는 걸 중요하게 생각해 제사상에 올릴 과일이 꼭 필요했다. 체면을 지키기 위해 갓을 써야 했기 때문에 망건이 꼭 필요했다.

♣92쪽

3. 예시 답안

 물건을 독점해 팔면 경제 질서가 무너져 여러 문제가 발생한다. 경쟁할 상대가 없기 때문에 물건 가격을 마음대로 정할 수 있다. 그래서 물건을 사는 사람은 비싼 가격에 살 수밖에 없다. 돈이 없는 환자는 의약품을 사지 못해 목숨을 잃을 수도 있다. 물건을 독점한 사람만 많은 이익을 챙겨 빈부 격차가 더 심해진다.

4. 예시 답안

 지배층이 국민을 위한 정책을 펴려고 해도 현실에 맞지 않으면 목적을 이룰 수 없다. 실제로는 국민에게 도움을 주지 못하거나 오히려 피해를 줄 수도 있다. 예를 들어 가난한 학생에게만 무상 급식을 하면, 가난하다는 것이 다른 친구들에게 알려져 상처를 받을 수도 있다. 지배층이 어떤 정책을 세울 때는 좋은 면뿐만 아니라 나쁜 면도 함께 생각해야 한다. 나중에 생길 수 있는 문제점까지 따져 보고, 이를 막을 수 있는 방법도 생각해야 한다. 그래야 국민에게 실질적인 도움을 줄 수 있는 정책을 세울 수 있다.

♣93쪽

5. 예시 답안

돈을 버린 까닭	- 조선의 경제 규모가 너무 작아 돈을 가지고 나와도 쓸 곳이 없었기 때문이다. - 더 이상 돈에 얽매이지 않겠다는 다짐을 보여 주기 위해서다. - 돈보다 마음과 정신이 더 중요하다고 생각했기 때문이다.
허생의 잘못	- 마음과 정신도 중요하지만 돈을 잘 쓰는 것도 중요하다는 것을 무시했다. - 돈이 필요하기 때문에 돈을 만드는 데 드는 많은 자원을 낭비했다. - 가난한 백성을 도울 수 없다.
오십만 냥을 어떻게 쓸까	- 학교를 세워 가난한 백성의 자식들이 공부할 수 있게 한다. - 병원을 세워 적은 비용만 받고 환자들을 치료해 준다.

♣94쪽

6. 예시 답안

 지배층은 당시 백성의 생활에 아무런 도움이 되지 못했다. 변산에 들끓던 도둑 이야기도 지배층의 무능함 때문에 백성의 생활이 어려웠던 상황을 보여 준다. 그래서 허생은 도둑 떼를 이끌고 빈 섬으로 들어가 그들이 새로운 삶을 살 수 있도록 도왔다. 이러한 이야기에서 지배층은 백성에게 도움을 주려고 했던 허생의 마음가짐을 본받아야 한다. 지배층은 자기 체면과 이익만 챙겨서는 안 된다. 백성의 입장에서 생각하면서 현실적인 문제점을 해결하려고 노력해야 한다. 그리고 백성과 더불어 행복하게 살 수 있는 좋은 방법을 생각해야 한다.

♣95쪽

7. 예시 답안

 오늘날에도 물건을 대량으로 사들인 뒤 비싸게 되팔아 자기 이익만 챙기려는 사람이 있습니다. 공동체의 이익은 생각하지 않고, 자기의 이익만 생각하기 때문입니다. 이런 일이 계속되면 물건 공급이 제대로 되지 않아 가격이 올라갑니다. 그래서 그 물건이 필요한 사람은 비싸게 사야 합니다. 물건을 대량으로 사서 비싸게 팔려는 사람이 많아질 수 있고, 그 물건이 의약품이라면 꼭 필요한 사람이 사지 못해 목숨을 잃을 수도 있습니다. 물건을 대량으로 사서 비싸게 되팔면 당장

133

에는 이익을 얻을 수 있습니다. 하지만 그런 행위를 하는 사람이 늘어나면 경제 질서가 무너져 결국 나라도 발전하기 어렵습니다. 따라서 자기의 이익을 위해서라도 공동체의 이익을 해치는 일은 하지 말아야 합니다.

10. 『마법의 설탕 두 조각』

♣ 101쪽

1. 예시 답안

부모님이 자신의 말은 들어주지 않고 늘 명령만 해서 쌓인 불만을 해결하기 위해서다.

2. 예시 답안

▶ 부모님은 렝켄을 걱정하는 마음으로 하는 말인데, 부모님을 작아지게 만든 것은 옳지 못하다. 부모님께 불만이 있다면 솔직하게 말씀드려야 한다. 직접 말씀드리기 어렵다면 편지 쓰기도 좋은 방법이다. 부모님이 나의 마음을 이해할 수 있는 다른 방법을 찾아야 옳다.

▶ 렝켄이 부모님을 작게 만든 행동은 옳은 일이다. 어른은 어리다고 아이들의 말을 잘 듣지 않으려고 한다. 어린이처럼 작아진다면 아이들의 마음을 이해할 수 있을지 모른다. 렝켄도 자기 마음대로 할 수 있는 자유를 누려 봐야 한다.

♣ 102쪽

3. 예시 답안

"신발이 많이 더러워졌구나. 너도 이제 스스로 신발을 빨 수 있을 만큼 큰 것 같은데, 네 생각은 어떠니? 처음이니 엄마가 옆에서 도울게."

4. 예시 답안

시험 공부를 할 때 계획을 세워 차근차근 공부하면 좋았을 텐데, 시험 전날 '벼락치기'로 공부하느라 힘들었어요. 시험도 망쳤어요. 앞으로 시험 준비는 계획을 세워 할 것입니다. 어떤 일을 할 때 미리 계획을 세워 준비하면 후회하지 않을 것입니다.

♣ 103쪽

5. 예시 답안

어떻게 책임을 져야 할까요?	- 배탈이 난 사람들에게 치료비를 물어 주고 사과합니다. 해당 제품의 생산을 중단합니다/같은 일이 발생하지 않도록 원인을 찾아 문제를 해결합니다 등.
책임지지 않으면 어떤 일이 벌어질까요?	-다른 회사에서도 불량 식품을 만들지 몰라요. 비슷한 잘못을 다시 해서 소비자들이 더 큰 피해를 볼 수도 있습니다/소비자들이 회사를 믿지 못해 제품을 사지 않아 회사가 망할 수도 있어요 등.
책임지는 일은 왜 중요한가요?	-똑같은 잘못이 일어나는 것을 막을 수 있습니다. 더 큰 피해를 줄일 수 있습니다/상대가 책임을 다 할 것이라고 생각하면 믿을 수 있는 사회가 됩니다.

답변 문장을 모두 이어 뜻이 통하도록 정리하세요.	책임감이란 자신이 맡은 일을 소중하게 생각하고 실천하는 마음가짐을 말합니다. 자신이 손해를 보더라도 끝까지 해 내는 것입니다. 식품회사 사장인데, 불량 식품을 만들어 피해를 주었다면 즉시 사과하고 치료비를 물어 주어야 합니다. 회사에서 책임을 지지 않으면 사람들은 그 회사의 제품을 사지 않을 것이고, 회사가 망할 수도 있습니다. 책임을 다하면 똑같은 잘못이 되풀이되는 것을 막고, 더 큰 피해를 줄일 수 있습니다.

♣ 104쪽

6. 예시 답안

'가화만사성'을 가훈으로 정하고 싶다. 집안이 화목하면 모든 일이 잘 이루어진다는 뜻이다. 우리 가족은 부모님과 형을 포함해 넷이다. 그런데 아버지는 늘 일하시느라고 바빠 가족과 대화가 없다. 엄마는 아버지 때문에 스트레스를 받아 이따금 나에게 화풀이를 하신다. 형은 나보다 공부를 잘해 귀여움을 받는다. 그래서 가족끼리 대화를 늘려 화목을 되찾고 싶어서 이렇게 정했다.

♣ 105쪽

7. 예시 답안

우리 가족은 아침이나 저녁 식사 시간에 대화를 자주 하는 편이다. 식사 시간이 30분 정도 되니 하루 평균 한 시간은 대화하는 셈이다. 하지만 아빠가 밤늦게 퇴근하시는 날도 있기 때문에 대화 시간이 이보다 짧을 때도 있다. 대화 내용은 주로 내가 학교에서 있었던 일을 얘기하거나 요즘 뉴스에 등장하는 이야기를 아빠가 설명하면 내가 질문하는 형식이다. 어떤 경우에는 아빠나 엄마께서 내 시험 점수나 공부 태도를 놓고 잔소리를 하시는 내용도 있는데, 이럴 때는 대화가 금방 끊긴다. 가족끼리 대화 시간을 늘리려면 서로 이야기하는 것을 즐겨야 한다. 따라서 부모님이나 내가 요구하는 것만 화제로 삼아서는 안 된다. 그러면 대화 시간은 점점 줄게 된다. 서로 칭찬하는 말을 자주 하는 것이 좋을 것 같다. 가족이 모인 시간에는 모두 휴대전화를 내려놓고 텔레비전을 끈 채 서로의 말에 귀를 기울이는 태도가 중요하다. 열심히 말하는데 상대가 딴전을 피우며 성의 없이 대답하면 말하는 사람의 기분이 상하게 된다. 가족끼리 읽을 수 있는 책을 정해 일주일에 한 번은 독서 토론 시간을 갖는 방법도 좋다.

11. 『멋진 여우 씨』

♣ 111쪽

1. 예시 답안

서로 돕지 않고 나 혼자만 잘 먹고 잘살면 된다는 분위기가 생기는 문제가 있다. 부자들이 어려운 사람을 도우면, 어려운 사람은 형편이 나아졌을 때 다른 사람을 돕게 돼 사회 구성원 모두 행복해질 수 있다. 그런데 세 농부처럼 부자들이 베풀지 않고 자기 이익만 챙기려 들면 여우 씨와 같이 남의 것을 훔치는 사람들이 늘어나는 등 사회에 범죄가 들끓을 수 있다.

2. 예시 답안

세 농부는 절도범인 여우 씨를 잡기 위해 땅을 마구 파헤쳤다. 이

초등학생 문해독서 중급 2호 답안과 풀이

바람에 숲이 망가져 다른 동물들의 집과 삶의 터전이 사라졌다. 세 농부가 절도범을 잡으려는 행위는 당연한 일이다. 하지만 아무리 좋은 목적도 수단이 나쁘면 정당화될 수 없듯, 자신들의 목적을 이루기 위해 다른 동물들에게 피해를 주었으므로 농부들의 행동은 잘못되었다. 세 농부가 절도범인 여우 씨를 잡는 행동을 정당화하려면 잘못이 없는 이들에게 해를 끼쳐서는 안 된다.

♣112쪽
3. 예시 답안

어린이도 나눔을 실천할 수 있다. 어린이가 나눔을 실천하는 방법으로 용돈을 조금씩 모아 어려운 이웃을 위해 기부할 수 있다. 경제 형편이 어려운 사람을 돕는 단체에 회원으로 가입한 뒤, 자신이 모은 용돈으로 매달 후원금을 낼 수도 있다. 다 읽은 책과 쓰지 않는 학용품, 장난감을 필요한 사람에게 기부하는 방법도 있다.

4. 예시 답안

정부는 가난하거나 갑자기 재난을 당한 사람들에게 생활에 필요한 최소한의 비용을 지원한다. 전세나 월세 등 집을 빌려 쓰는 데 드는 돈과 생활비, 교육비, 의료비가 포함된다. 지원 비용은 소득과 재산의 정도, 부양하는 가족 수에 따라 다르다. 그리고 재난을 당한 사람들에게는 피해 정도를 따져서 지원한다.

♣113쪽
5. 예시 답안

그 말에 동물들은 기뻐했습니다. 시궁쥐는 여우 씨의 행동을 보고 부끄러워서 얼굴이 벌겋게 달아올랐어요. 사과주를 혼자만 먹으려고 욕심을 부렸던 자신의 모습이 떠올랐기 때문이에요. 시궁쥐는 가만히 있을 수 없었어요. 얼른 창고로 달려 갔어요. 그곳에서 사과주를 가져와 동물들에게 나눠 먹자고 했어요. 동물들은 사과주를 마시더니 맛있다며 시궁쥐에게 인사를 했어요. 시궁쥐는 나눔의 기쁨을 알게 되었고, 그 뒤로는 맛있는 음식을 보면 이웃과 나눠 먹었답니다.

♣114쪽
6. 예시 답안

▶유죄일 경우 판결 내용과 처벌 내용 : 여우 씨는 세 농부의 음식을 허락 없이 훔쳤다. 따라서 유죄를 선고한다. 아무리 경제 사정이 어려워도 남의 물건을 훔치는 행위는 범죄이다. 여우 씨가 훔친 물건은 약간의 먹을 것에 불과하지만, 그렇다고 여우 씨를 용서해 줄 수는 없다. 경제 사정을 핑계 대고 남의 물건을 훔치는 사람이 늘어나면 사회가 혼란에 빠질 수 있기 때문이다.

▶무죄일 경우 판결 내용과 처벌 내용 : 여우 씨는 세 농부의 음식을 허락 없이 훔쳤다. 하지만 무죄를 선고한다. 여우 씨가 남의 물건을 훔친 행위는 잘못이지만, 여우 씨가 음식을 훔치게 만든 것은 가난한 자를 돌보지 않은 사회의 잘못이 크기 때문이다. 따라서 정부는 여우 씨 부부에게 일자리를 제공하고, 필요하다면 육아에 필요한 서비스를 제공해야 한다. 여우 씨는 정부에게 필요한 서비스를 받고, 열심히 일해 두 번 다시 남의 물건을 훔치는 일이 없어야 한다.

♣115쪽
7. 예시 답안

세 농부처럼 가난한 자들과 나누지 않고 자기 이익만 챙긴다면 여우 씨처럼 남의 물건을 훔치는 범죄를 저지르는 사람이 늘어날 것이다. 부자가 나눔을 실천하면, 2016년 리우올림픽 펜싱(에페)에서 금메달을 땄던 박상영 선수처럼 가난한 사람이 자신의 꿈을 이룰 수 있다. 먹을거리가 없어서 굶어 죽는 사람도 사라질 것이다. 도움을 받은 사람은 형편이 나아지면 남을 돕고 싶은 생각이 들어, 나눔을 실천하게 된다. 이렇게 부자들이 자기 이익만 챙기지 않고 나눌 때 사회적으로 긍정적인 결과가 생기며 공동체가 발전한다. 여우 씨와 오소리처럼 약자들끼리 서로 도우며 살아야 한다. 가까이에 있는 이웃과 나눔을 실천하며 살 때 작지만 가치 있는 행복을 누리며 살 수 있기 때문이다.

12.『바보 이반』

♣121쪽
1. 예시 답안

이반의 형제들이 망하면, 지금과는 달리 욕심이 생길 것이라고 여겼기 때문이다. 욕심이 생기면 서로 양보하지 않고 다른 형제의 재산을 뺏으려 할 것이라고 보았다.

2. 예시 답안

세몬과 타라스의 아내는 이반이 육체 노동을 해서 땀 냄새가 난다고 업신여겼다. 두 사람은 노동의 가치와 일하는 사람의 소중함을 알지 못한 잘못이 있다. 농사를 짓는 사람이 없으면 곡식이나 채소, 과일이 생산되지 않는다. 공사장에서 일하는 사람이 없으면 건물도 지을 수 없다. 따라서 어떤 노동이든 천대를 받아서는 안 되는 가치가 있다.

♣122쪽
3. 예시 답안

이반의 두 형은 군사와 금화를 자신의 욕심을 채우는 수단으로 본다. 군대를 이용해 다른 사람을 협박해 돈을 뺏거나, 장사를 해서 다른 사람의 돈을 뺏는 것이다. 그러나 이반은 금화를 장난감처럼 여기고, 군대는 노래를 부르는 데나 쓸 게 아니면 쓸모없다고 본다. 땀 흘려 일해서 벌어들인 것만 가치 있게 생각하기 때문이다.

4. 예시 답안

사람마다 처한 상황이 다르기 때문에 땀 흘려 일하지 못하는 장애인이나 노인에게는 상황에 맞게 대우해야 한다. 장애인이나 노인처럼 육체 노동을 할 수 없는 사람이라도 자신에게 맞는 일을 하려는 마음가짐을 가져야 하고, 할 수 있는 일을 찾아서 하는 사람에게는 땀 흘려 일하는 사람과 같은 대우를 해야 한다. 다리를 쓰지 못하는 장애인에게는 손을 쓸 수 있는 일을 준다. 노인은 자신의 경험을 젊은 사람들에게 나눠 주고, 어린이를 돌보거나 간단한 집안일을 돕는 등의 일을 할 수 있다.

135

초등학생 문해독서 중급 2호 답안과 풀이

♣123쪽

5. 예시 답안

규칙	필요한 이유
다른 나라의 것을 빼앗지 않는다.	다른 나라의 물건을 빼앗으려 하다가 전쟁이 일어나기 때문이다.
다른 나라가 위기에 처하면 돕는다.	다른 나라가 굶주림에 시달리거나 어려움을 겪으면, 자신의 살길을 찾으려고 하다가 전쟁이 일어나기 쉽기 때문이다.
다른 나라의 종교와 문화를 존중한다.	다른 나라의 문화나 종교를 이해하지 못하면, 서로 다툼이 일어나 평화가 깨지기 때문이다.

♣124쪽

6. 예시 답안

　두목 도깨비는 이반의 나라 백성들에게 몸보다는 머리를 써서 일하라고 말한다. 머리를 써서 일하는 방법이란 다른 사람이 일해서 얻은 성과물을 잔꾀로 빼앗는 방법이다. 농부들에게 곡식을 싼값에 사들여 도시에서 비싸게 팔거나, 어떤 물건을 사들여 가격을 올린 뒤 비싸게 되팔아 이익을 거두는 행위가 대표적이다. 그러나 이런 방법으로 돈을 벌면 노동을 통해 벌지 않기 때문에 정당하지 않다. 남을 속이지 않고 스스로 땀 흘려 일하면서 돈을 벌어야 사회가 발전할 수 있다.

♣125쪽

7. 예시 답안

　우리나라의 복권 판매량이 사상 최대를 기록했다. 청소년까지도 불법으로 복권을 사들여 사회 문제가 되고 있다. 노동을 해서 정직하게 돈을 벌지 않으면서, 힘들이지 않고 단번에 돈을 벌고 싶어 하는 사람이 늘어나면 사회적으로 문제가 된다. 정직한 노동의 가치를 하찮게 여기기 때문에 노동하는 사람을 어리석게 보고, 돈을 버는 데만 눈이 멀어 타인에게 피해를 주는 사람이 늘어나기 때문이다. 이반의 나라처럼 정직하게 노동하는 사람이 대접을 받는 나라를 만들려면 사회적으로 노동의 중요성을 알려야 한다. 정직한 노동이 삶을 건전하게 만든다는 사고 방식이 뿌리 내리도록 해야 한다. 땀 흘려 노동하는 사람에게 정당한 보상을 해 줄 필요도 있다. 노동이 정당한 대가를 받아야 돈벌이에만 욕심을 내는 사람이 사라질 것이다. 학교에서 어렸을 적부터 땀 흘려 노동하는 경험을 할 수 있게 하는 교육도 중요하다.